中央电视台六集传记电视纪录片

Tsien Hsue-shen

中央电视台
北京科学教育电影制片厂《钱学森》摄制组 编

内 容 提 要

本书是中央电视台六集传记电视纪录片《钱学森》的同名图书，全书呈现了大量珍贵资料和有关人士的深情回忆，图文并茂地介绍了科学巨匠钱学森传奇而光辉的人生历程和精神世界。导演手记和后记等相关内容揭示了拍摄中的幕后花絮和感想，“告诉你一个不为人所知的钱学森”。

图书在版编目(CIP)数据

钱学森：中央电视台六集传记电视纪录片/中央电视台，北京科学教育电影制片厂《钱学森》摄制组编. —上海：上海交通大学出版社，2010 (2012 重印)
ISBN 978-7-313-06866-8

Ⅰ.①钱… Ⅱ.①中… ②北… Ⅲ.①电视纪录片-中国-当代②钱学林(1911~2009)-生平事迹
Ⅳ.①I235.2②K826.16

中国版本图书馆CIP数据核字(2010)第196149号

中央电视台六集传记电视纪录片

钱学森

中央电视台
北京科学教育电影制片厂《钱学森》摄制组　编

上海交通大学出版社出版发行
(上海市番禺路951号　邮政编码200030)
电话：64071208　出版人：韩建民
常熟市文化印刷有限公司印刷　全国新华书店经销
开本：787mm×960mm　1/16　印张：11.5　字数：162千字
2010年10月第1版　2012年6月第7次印刷
印数：28121~40020
ISBN 978-7-313-06866-8/K　定价：28.00元

中央电视台六集传记电视纪录片《钱学森》职员表

总 导 演：薛继军　陈　真
执行总导演：李向东
编　　导：潘　潘　周文福　于　磊　冯　磊
王星羽　丹格达　王　慧　侯小微
总 摄 像：周红鸣
摄　　像：刘保军　朱劲松　彭　越
策　　划：许向阳　强　勇　相振华
撰　　稿：邱红杰
资料编辑：李东江　萧　刚　马京生
后期统筹：潘　潘
助理编导：薛　颖　黄　璐　王之琳　汪　乐　曲柏宇
陆小龙　袁　媛　卓　越　刘雨鑫
助理摄像：汪　乐　曲柏宇　苑方磊
多媒体技术：冯　磊　曲柏宇　汪　乐　王之琳
包装创意：潘　潘
包装制作：北京瑞雷天诚文化艺术传播中心
剧　　务：王庆云
制片主任：苏和平　李庆瑜
音　　乐：程　巍
音乐合成：程　嵩
主 题 曲：飞翔的路
作　　词：许向阳
作　　曲：田晓耕

演　　　唱：周　强

鸣　　　谢：钱永刚先生　涂元季先生　顾吉环先生　中国航天科技集团公司
中科院力学研究所　中国空间技术研究院　中国运载火箭技术研究院
酒泉卫星发射中心　西昌卫星发射中心　太原卫星发射中心
中国卫星远洋测量船基地　中国空气动力研究与发展中心
中国核试验基地　上海航天技术研究院　杭州钱镠研究会
外交部档案馆　上海交通大学　哈尔滨工程大学　清华大学
西安交通大学　中国科学技术大学　美国麻省理工学院
美国加州理工学院　中国航空工业空气动力研究院
北京第二实验小学　北师大附属中学　上海和平饭店
中国人民解放军总医院　国家图书馆分馆

制　片　人：李向东　严　刚

监　　　制：王春法　贺天成　罗　琴

总　监　制：邓　楠　王家胜　胡　恩

出　品　人：薛继军

联合摄制：中国科学技术协会　中国人民解放军总装备部　中央电视台

前　言

薛继军

2009年10月底，六集传记电视纪录片《钱学森》正处于经历有关部门的审片和修改阶段，这时传来了一代科学家钱学森仙逝的讣闻，我顿时不胜哀恸。《钱学森》一片从筹备到正式开拍直至进入后期制作，历时三年多，这中间钱老的身体状况时好时差，并数次入院救治。我们一直期待能采访钱老，拍摄到他的镜头，但最终这成为了我们的遗憾。

钱学森生于辛亥革命爆发的1911年，人生近百年。而这100年，是中华民族废除封建帝制，为民族的伟大复兴艰苦探索与浴血奋斗的100年，钱学森和无数中华民族的志士仁人一样，为了中国的富强，为了人民的尊严，奉献了他的一生。

六集传记电视纪录片《钱学森》一直贯穿着爱国主义的激情。钱学森是中国知识分子的杰出代表，他的血管里一直流淌着爱国主义的热血。在他冲破重重阻力，终于登上离开美国的轮船时，他对美国记者说：“我要让中国人民过上有尊严的生活！”其后，他再也没有踏上这块他曾生活了20年的土地。“除非美国政府正式向我道歉”，他说。这是何等的气节！当钱学森投身“两弹一星”的研制，用他的智慧、心血和汗水铸造出共和国的利剑和坚盾时，中国在世界舞台上才有尊严可言。

作为负责任的纪录片工作者，在尽情表达我们的情感的同时，我们也没有忘记理性的思考。诚然，钱学森是影视纪录片的绝好题材。他的生活经历曲折跌宕、他的性格个性独特复杂、他从事的工作充满神秘而不为人所知，但我们必须执著地发掘钱学森一生所蕴涵的深刻的历史启示。

我从事科学教育电影和纪录片工作已近30年，科学研究是人类发现自然世界客观规律的过程，我们科教电影是通过解读科学发现的过程，来揭示人类社会发展的一般规律。那么，钱学森给了我们哪些启示呢?

首先，科学无国界，科学家是有国界的。中国的知识分子自古以来就有深厚的爱国主义传统，尤其在民族危亡的关头。百年来的中国饱经苦难，生于忧患的钱学森的生命轨迹必然与民族的历史紧密相连。祖国的需要就是钱学森的选择。就像一位“两弹一星”元勋所言，他们是“以身许国”。祖国和民族的紧迫需要，科学家的天才得到充分的施展，能创造惊人的奇迹。

其次，中国科技的发展必须要走自己的道路。钱学森1955年归来，几乎经历了新中国科技、尤其是尖端科技从无到有的全过程。在党的坚强领导下，在国力尚弱的情况下，集中全国之力，尊重知识、尊重科学家，走出了一条自主创新的科技发展之路，在极其艰难困苦的条件下，取得了举世瞩目的成就。在我们的《钱学森》一片中有大量描述，这里就不再赘言了。

能参与纪录片《钱学森》的创作工作对中国纪录片人来说也是一大幸运。更幸运的是，我们在拍摄制作时，得到了中国科协和解放军总装备部的大力支持。在此，我深表谢忱。“探索历史真谛，发现科学之谜，寻找人类真理”是北京科学教育电影制片厂一直秉持的理念，作为中国历史最悠久、规模最大的科教影视机构，几十年来已经制作了大量的科教电影，其中《圆明园》、《宇宙与人》、《月球探秘》等影片更是获得了社会的广泛好评。从《钱学森》开始，我们正在展开为中国的文化和科学巨匠作传的一系列计划,《钱学森》是开山之作。我们也希望得到社会各界的支持。

钱学森是一本丰厚的大书，六集传记电视纪录片《钱学森》只是其中精彩的几页。钱学森开创的事业正在延续，而我们对钱学森科学思想和成就的认识也才刚刚开始。

（作者为六集传记电视纪录片《钱学森》出品人和总导演，原北京科学教育电影制片厂党委书记、厂长。现任中央电视台分党组成员、中央电视台中国电视剧制作中心有限公司总裁）

目　录

【中央电视台六集传记电视纪录片 钱学森】

第一集 初年·国内

神舟七号

“你在一个清朗的夏夜，望着繁密的闪闪群星，有一种可望不可及的失望吧。我们真的如此可怜吗？不，决不！我们必须征服宇宙。”

——钱学森

（摘自钱学森文章《火箭》段落）

钱学森写下这些激情飞扬的文字时，年仅24岁，但征服宇宙的梦想，却执着地在他的心里发芽，生长，壮大，一天天地把它的枝蔓伸向浩淼的天空。从那时起，他的梦想就和一个国家、一个民族的梦想紧密地联系在一起，当中国人自己的火箭导弹冲上云霄，当中国人乘坐自己的飞船在太空漫步时，炎黄儿女扬眉吐气，热血沸腾，而这一切都和钱学森当年征服宇宙的雄心壮志，有着密不可分的联系。但作为享誉海内外的杰出科学家、中国航天事业的奠基人，钱学森的故事，始终像谜一样，鲜为人知。

2008 年　钱学森在家中

2008 年的一天，一个看似平常的日子，对钱学森一家来说，却是一个难忘的日子。这一天，97 岁的钱学森在等待一个年幼的新生命。钱学森刚刚满月的曾孙女就要来到他的身边。

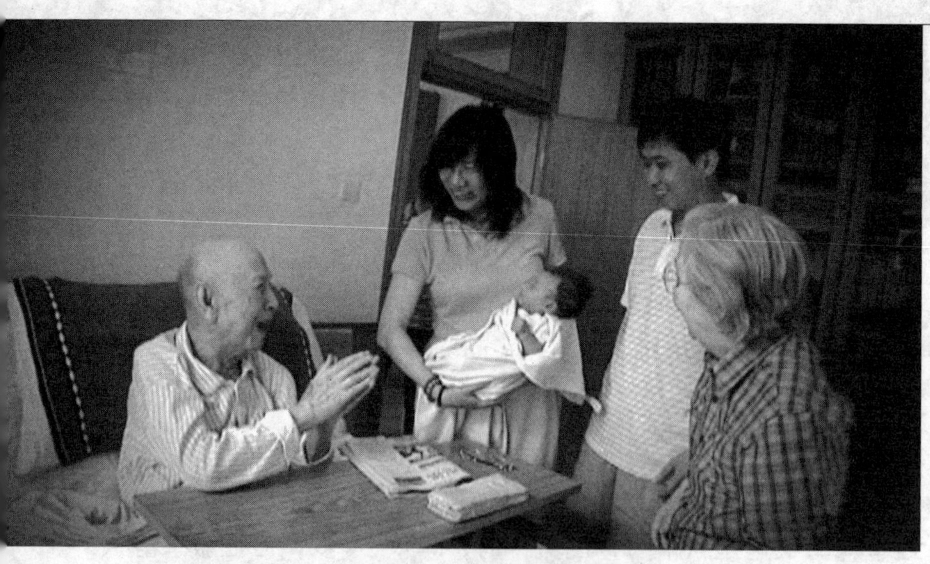
钱学森与曾孙女

蒋　英：钱磊抱着那个小娃娃，满月的小娃娃来看你。
钱学森：他来了？
蒋　英：啊。
钱　磊：来，太爷爷。来，给太爷爷看看。

钱家最小的成员诞生在一个幸福和平的年代，而钱家最老的成员则出生在近百年前，那是一个贫穷、战乱、屈辱笼罩之下的中国。

旧社会

旧社会的北京城

1911 年 10 月 10 日，一场武装革命在湖北武昌打响了第一枪，孙中山领导的辛亥革命，结束了两千多年的封建帝制，中国进入了动荡的半殖民地半封建的年代。

辛亥革命

1911 年也是中国航空史上的重要年份，飞机第一次出现在中国的天空，他的制造者是冯如，在这一年携带两架自制飞机回到中国。也就在这一年的 12 月 11 日，钱学森出生在上海。

冯如（1884~1912）
中国第一位飞机设计师、制造者和飞行家，1910 年 10 月在美国制造飞机飞行成功，1912 年在广州一次飞行表演中不幸失事牺牲

钱学森与父亲钱均夫

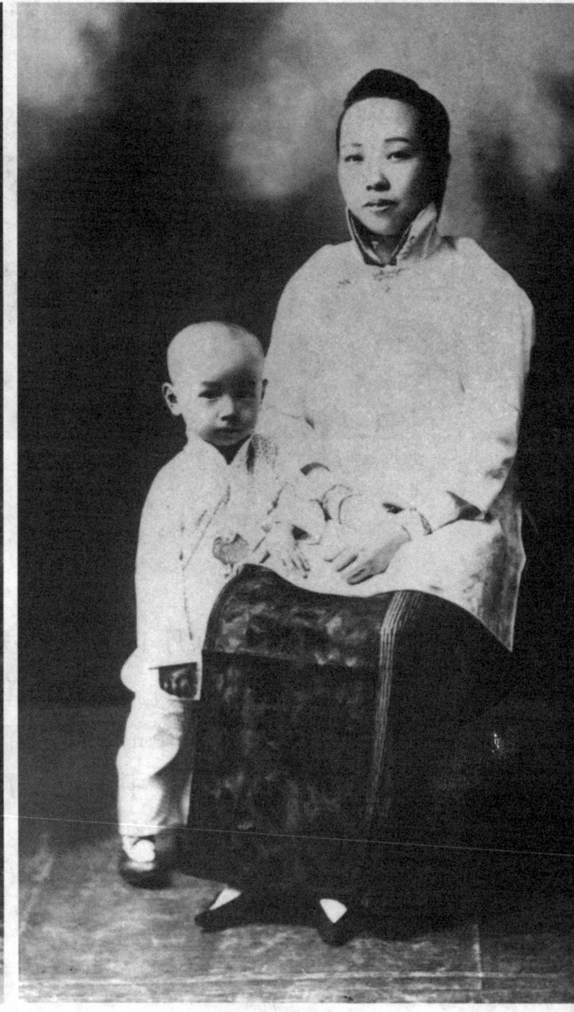

钱学森与母亲章兰娟

在中国这片千疮百孔的土地上，一场改变国家命运的革命，一架初试身手的简陋飞机，和一个呱呱坠地的孩子之间，似乎冥冥中产生了某种紧密的联系。

辛亥革命后，北京（当时称北平）成为北洋政府的首都。封建帝制已经废除，但年幼的清朝末代皇帝依然住在紫禁城里，但宫墙外的北京已成为一个新旧思想交融碰撞的城市。

1916年创刊《新青年》成为传播新思想的阵地，以白话文为代表的新文化运动蓬勃发展，各种新思潮也从欧洲、美国和新生的苏联传到中国，与中国传统旧观念激烈交锋，渐渐唤醒一个沉睡的民族。

《新青年》杂志

1918年，第一次世界大战结束。然而，作为战胜国的中国却在1919年签订了丧权辱国的条约，青年学生高呼着“外争国权，内惩国贼”的口号，走上街头，引发了改变中国历史的五四运动，从此，爱国、进步、民主、科学的观念开始生根发芽，中国进入新民主主义革命的时代。

巴黎和会

五四运动

钱均夫（1882~1969）
钱学森之父
中央文史馆原馆员
解放前曾任浙江省教育厅厅长

钱学森的父亲钱家治，字均夫。1882 年出生于杭州一个没落的丝商家庭。为追求“兴教救国”的理想，他曾赴日本留学，专修教育，后来成为著名的教育家。在钱学森 3 岁的时候，钱均夫来到北京，出任民国政府教育部科长。钱学森也因此来到这座正经历深刻变化的古老城市。

北京实验二小

钱学森先后就读的北京实验二小和北师大附小，环境清雅，是尝试现代办学理念的新型学校，能够进入这些学校的学生和老师都是要经过严格选择的，许多亲身经历过五四运动的青年教师，把活跃的新思想带进了校园，邓颖超就是其中的一位。

多年以后他们再次见面，钱学森立刻就认出了她，并以老师相称。

邓颖超 1（1904~1992）
周恩来夫人
曾任全国政协主席

> 我说邓大姐，我要叫你老师啊。她说，啊，你怎么叫我老师？我说20年代初，你不是在师大附小教过书吗？她说，是的啊。我说我那个时候，也是在师大附小，念五年级、六年级，我看见有几位女老师，大概在里头有你。她说那个时候是有我。但是我说，那既然如此呢，你虽然没有直接教过我，我也得叫你老师啊。她说，不敢当。
>
> ——钱学森

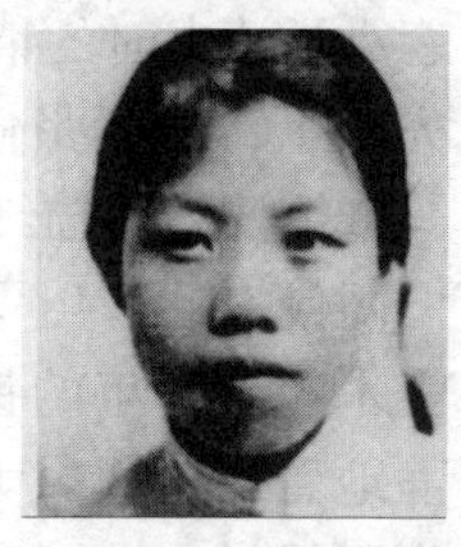
邓颖超 2

邓颖超就读于天津南开学校时，参加了五四运动，后来她与周恩来结为终生伴侣，是中国最著名的女革命家之一。

实验二小是由一座王府改建的，昔日的深宅大院成为传播新思想、普及新教育的校园。钱学森就在这里度过了一个难忘的童年。

周恩来与邓颖超

1997 年　钱学森接受采访

美籍华人作家张纯如在她撰写的钱学森传记中，记录了钱学森小学读书时的情景：每天上午的主要功课是练习书法，动笔前，先净手，把纸张仔细地在桌子上铺好，墨要磨得浓而黑，然后用马毫笔沾墨汁描红格。下午上自然课程，他们可以用花瓣、树叶、图画代表还不会写的词汇。课程内容包括地球科学、地理、音乐、美术等。童年的钱学森性格内向，他不贪玩，大多数时间喜欢安静地看书，通过大量的阅读开拓视野。在张纯如的传记中，还讲到了钱学森儿时喜欢的游戏——比赛折纸飞机。钱学森折的飞机是其中飞得最稳最远的。每次他都特别仔细，一定要折得对称、平顺、均匀，掷出去时飞得又稳又远。纸飞机飞向远方，承载着幼小的梦想，也许一个

张纯如著钱学森传记《蚕丝》

飞行的梦想已经在钱学森心中扎根，但他未必知道，在这样落后动乱的年代，他的梦想几乎无法成为现实。

少年钱学森

1923年，12岁的钱学森走进北京师大附中，开始了六年的中学生活。那时的附中，虽然地处北京边缘，但集中了一批思想进步、学养深厚的老师，他们反对死记硬背，鼓励学生自由思考，这段时间的经历深深影响着少年钱学森。

北京师范大学附属中学

这是钱学森写给西安交通大学图书馆的一封信，他在信中深情地回忆起了在初中三年级的时候发生的一件事情。

一天中午午餐后休息时，同学们在一起闲聊的时候，一位同学大声说：你们知道不知道20世纪有两位伟人，一个是爱因斯坦，一个是列宁。大家问他怎么知道的，他说那是他从图书馆借的一本书上看到的。再问他，终于弄清了爱因斯坦是科学伟人，列宁是革命伟人。大家非常高兴，但那时我们谁也不知道爱因斯坦是相对论的创始人。

电影《城南旧事》

改编自女作家林海音同名小说的电影《城南旧事》，通过作者童年亲身经历的点点滴滴，记录了20世纪二三十年代旧北京风貌。1982年，71岁的钱学森看到了这部影片，身边的人见到了这位老人少有的激动。

涂元季　钱学森学术助手

> 《城南旧事》这个电影，这可以说是他这个不看电影的人，很难得的看了这场电影。而且很受感动，他说他感动得热泪盈眶。
>
> ——涂元季

这部电影勾起了钱学森的回忆，影片中故事发生的场景和时代，正是钱学森少年时代生活的北京城，电影呈现给钱学森的不仅仅是一段记忆，还有一段别人难以体会的感情。

钱学森　1926 年在北京师大附中

在今天北京师大附中的校园里，矗立着一座中学时的钱学森塑像。这个塑像生动地表现了钱学森当时的情绪：手里拿着书，有风吹来，掀起他的衣角，他的眼神中带着忧郁的神情，望着远方。校园是平静的，而当时的校园之外却是一个遭受帝国主义列强蹂躏、战乱不断、民生凋敝的，千疮百孔的国家。

1981 年，北京师大附中迎来建校 80 周年，70 岁的钱学森回到了母校。他回忆道：那时候，这儿是城的边缘，很荒凉，再往南去的陶然亭是一片荒野。北京城里就怕刮风，俗话说：无风三尺土，下雨一街泥。胡同里常有做小买卖的叫卖声，听起来很凄凉。我们在附中上学，都感到一个问题压在心上，就是民族、国家的存亡问题。不要说老师们，就是所有的学生，也都在心里头存着这个问题。就在这样的气氛下，我们努力学习，为了振兴中华。

北京师范大学附属中学

钱学森一家（左一为钱学森）

钱学森的中学毕业证书

畢業證書

學生錢學森係浙江省杭縣人

現年十八歲在本校附屬中學校三三制高級普通科修業期滿考核成績及格准予畢業此證

國立北平大學校長李煜瀛

副校長李書華

附屬中學校主任林勵儒

中華民國十八年七月一日

钱学森是钱家的独子，父亲在政府任职，家境殷实，在别人看来，钱学森应该是一个不知愁滋味的少年。没有人知道，在帝国主义侵略之下的中国，在他幼小的心灵中留下了怎样的印象，这些又怎样影响了他的一生。

1929 年夏天，钱学森即将中学毕业，他必须挑选一个适合自己的大学，他的人生面临着一次重要的选择。

数学老师希望钱学森将来成长为一名数学家，所以叫他报考大学的数学系；而国文老师认为钱老的文章做得也很好，希望他去报考中文系，将来去当作家；那么我的奶奶，还是希望钱老学教育，子承父业；还有一些其他的老师都认为钱老艺术上也很有天赋，建议他去学画画、学作曲。

——钱永刚

钱永刚
钱学森之子
上海交通大学兼职教授

人们推测，如果钱学森的中学时光不是和中国一段最为动荡的时代重合，他的未来也许会选择截然不同的领域。当时的中国，在经历了连年内战和军阀割据之后，百业萧条。

动荡不安的社会环境也使得钱学森的兴趣明显发生变化，他潜心学习化学、物理、生物、数学，他似乎已下定决心，要成为一个科学家。

20 世纪 20 年代北京（当时称北平）

北师大附中实验室照片

但是钱学森的父亲钱均夫却早已经给儿子做好了打算。在钱均夫看来只有实业才能救国，而当时中国最缺乏的是工程师，他建议钱学森报考工科，而当时最好的工科大学是上海的交通大学。在父亲看来，在交通大学选一个好的专业，毕业后，以钱学森的成绩，他十拿九稳可以谋到一个好差事。1929 年，18 岁的钱学森以第三名的成绩考入交通大学机械工程系，他又回到了出生地上海。

上海是当时中国最发达的现代化大都市，是中国开埠最早的通商口岸之一，也是最具殖民地色彩的地方，这里有相对发达的工商业，也有让当时国人倍感耻辱的租界。这也是一座奇特的城市，每天产生罪恶，也培育着希望。

钱学森与父亲钱均夫

交通大学成立于 19 世纪末，其前身是南洋公学，是晚清的洋务运动的代表人物盛宣怀为培养洋务人才筹资兴办的，这是当时的一批开明封建士大夫试图挽救清朝衰亡的众多努力之一。尽管清政府无可救药地覆灭了，这所学校却沿续下来，成为当时中国最著名的培养工程师的高等学府，为中国摆脱屈辱贫困走向民主富强输送着人才。钱学森是一个文静的学生，他几乎每天都在图书馆坐上好几个小时，埋头阅读。虽然他主修铁路专业，但他的心已经飞向了更加广阔的世界。

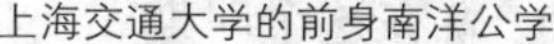
上海交通大学的前身南洋公学

上海交通大学图书馆

就像钱学森在中学期间一样，学校的图书馆成为钱学森每天必去的地方。一有时间，他就会去那里看书，一动不动地坐上好几个小时。钱学森在那里读书的重点并非是他的机械工程专业，而是一些飞行方面的书籍。他在晚年的一封信中写道：讲飞艇、讲飞机、讲航空理论的书都借来读。讲美国火箭创始人罗伯特·戈达德的书也借来看。

1920 年的交通大学

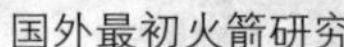

国外最初火箭研究　　赫尔曼·奥伯特

《通向空间之路》作者、现代火箭技术之父

罗伯特·戈达德在1920年就提出用多级火箭能把探测仪器送到两百英里高度，用更大的火箭可以在月球上着陆。就在这个时期，第一次世界大战后的欧洲进入短暂的和平时期，一批科学家开始尝试研制飞向遥远天空的火箭。

1923年，罗马尼亚科学家奥伯特发表了一本92页的《通向空间之路》，详细地介绍了火箭、卫星、宇宙飞船的原理和构造，他因此获得“现代火箭技术之父”的称誉。

1929年，奥伯特作为科学顾问参与的一部名叫《月亮夫人》的电影在德国取得了很大成功。

罗伯特·戈达德（1882~1945）
美国火箭创始人
1926年3月16日，他在美国马萨诸塞州
成功发射了世界上第一枚液体火箭

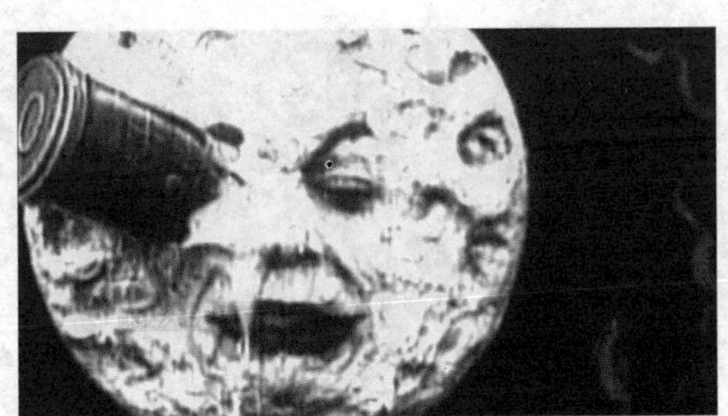

电影《月亮夫人》

当时的德国作为战败国，在发展军备方面受到限制，但1930年，德国陆军秘密开始了研究液体火箭的任务。

1934年，苏联也成立了世界上第一个国家级的火箭技术研究机构——国家喷气推进研究所。

历史上最早尝试借助火箭上天的人是中国明朝的万户，但他在爆炸中的粉身碎骨让飞天成为人们嘲笑的奇思异想。在几百年后积贫积弱的中国，钱学森对星空的迷恋，在人们看来更是遥不可及的梦幻。

明朝的万户

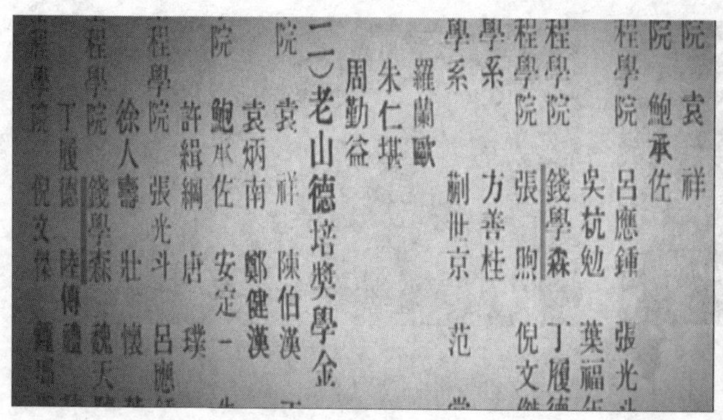

機械工程學院本屆四年級學生成

優者

鐵道門

錢學森 魏天聰

工業門

丁履德 陸履坦

交通大學

钱学森交通大学成绩单

在大学里，钱学森始终是一个成绩出众、极具天赋的学生。这是当年交大的一份成绩单，显示他的每门功课都在90分以上，在班级中名列前茅。

钱学森病假登记表

在交大众多钱学森的成绩单里，我们看到了钱学森的病假登记情况。

1930年的暑假，因患伤寒，钱学森不得不休学一年，回老家杭州静养。这时候，他的父亲钱均夫在浙江任职，全家都迁到了杭州。西湖边美丽的湖光山色间就是钱家的祖居之地。在西湖边，有一座规模很大的建筑——钱王祠，这是为了纪念五代十国时期吴越国的统治者钱镠而建，也是供奉众多钱氏后人的祠堂。钱镠是浙江钱氏家族的祖先，他给家族后人留下了“进贤使能则国强；兴学育才则国盛”的家训。因此钱氏后人涌现大批科学、艺术领域杰出的人才。

在杭州休养期间，钱学森大部分时间待在家里看书。那一年间，他读到了马克思的《资本论》，苏联革命家普列汉诺夫的《艺术论》、布哈林的《唯物论》等著作。钱学森后来回忆道：读了一些社会主义的书，对政府活动的背景有了了解，使我的人生展望提升到一个新的层次。

钱王　钱镠

交通大学 1934 届机械工程学院学生合影（前排右二为钱学森）

1931年9月，病愈后的钱学森重返大学校园，他依然是以学习成绩优异著称的学生，但他明显对学校每周一早上八点在礼堂举行仪式、接受校长训话产生反感。正好这时有人来动员他参加学校的铜管乐队，这个乐队在每周一早上只要给仪式伴奏后就可以退席，不必等着听校长训话。钱学森欣然参加，并且认真训练，很快学会了吹奏中音号。让钱学森好友印象深刻的是，他不仅学习成绩优异，他的音乐天分和对音乐的热爱也让人叹服。

交通大学铜管乐队合影（前排左一为钱学森）

罗沛霖，钱学森在交大时的好朋友，他们有着一个共同爱好——音乐。

> 钱学森他是喜欢音乐的，他那时候参加学校铜乐队，他吹中音喇叭，英文名字叫做 Euphonium，每天在那，参加同学会，总要吹半个钟头。
>
> ——罗沛霖

罗沛霖
中国科学院院士　中国工程院院士
电子学与信息学专家
美国加州理工学院博士
钱学森好友，新中国电子工业奠基人

罗沛霖至今还记得，钱学森得到奖学金立刻去买唱片的事情。

> 因为他的功课特别好，所以毕业的时候，学校给了他一笔奖学金，他拿着奖学金去买外国唱片，买回来给我看，和我一块听。
>
> ——罗沛霖

终日与音乐和读书相伴，并且能轻松获得好成绩，钱学森的大学生活是充实而且惬意的，但校园外的世界却远不是这样诗情画意。蒋介石国民党政府加紧对共产党的围剿。日本帝国主义也掩饰不住侵略野心，在“九一八事变”之后不久，就将战火蔓延到了上海。

钱学森平静而富有色彩的校园生活并没有持续太久。1932年1月28日一大早，钱学森被一阵隆隆的炮声惊醒，日本军队也出动了大量的飞机。对航空、飞行怀有梦想的青年第一次看到了这么多的飞机。日本空军投下的炸弹，顿时让上海陷入一片火海。据当时的资料记载，日本拥有飞机2 000架，中国只有270架，而且只有90架飞行状况算得上安全。那时，日本已发展成完整的航空工业，而中国的飞机全部来自进口，只在杭州、上海、武昌、南京等地有零星的修理厂和几所航空学校，聘请外国教员培养中国飞行员。“一·二八事变”最后以中国的失败而告终，但这次战争却深深刺激了年仅21岁的钱学森。如果不是这次近在咫尺的战争，钱学森有可能还会继续实现他父亲最初的愿望，成为一个制造火车的工程师，过上舒适的生活。然而，这场轰炸，深深地刺激了钱学森，他感到，科学技术的进步才能体现国家的强盛，如果能拥有自己强大的航空工业，也许就不会遭受如此欺辱。

北京青龙桥火车站

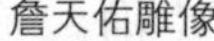

詹天佑雕像

北京郊外的青龙桥火车站，钱学森和他的大学同学们在毕业前夕，来到了这里。这是中国人于1909年自主设计建成的第一条铁路，设计者是留美回国工程师詹天佑。在青龙桥火车站，钱学森望着延伸到远方的铁轨，他向这位铁路界的前辈表达缅怀，也向他学了四年的铁路专业作了最后告别。这时候的钱学森已经悄悄报名参加了清华大学赴美公费留学生的选拔考试，他已决定远赴美国学习飞机设计。

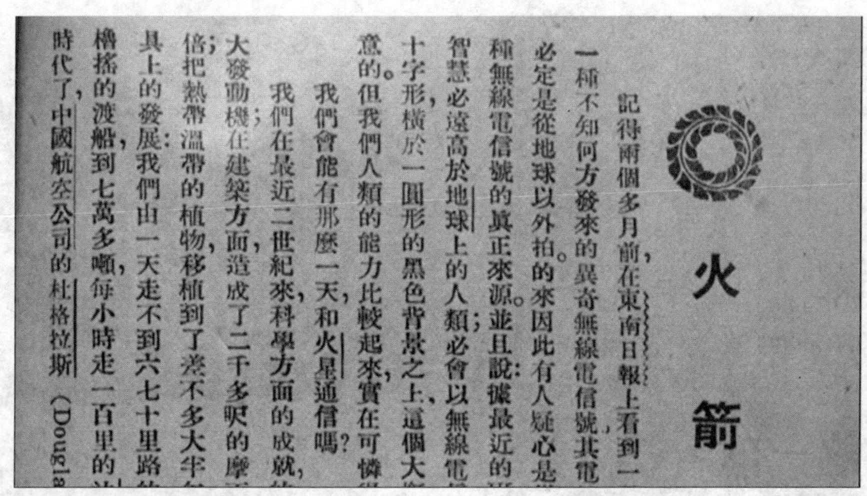

火箭

記得兩個多月前，在東南日報上看到一
一種不知何方發來的異奇無線電信號，其電
必定是從地球以外拍的來。因此有人疑心是
種無線電信號的真正來源；並且說：據最近的
智慧必遠高於地球上的人類，必會以無線電
十字形，橫於一圓形的黑色背景之上，這個大
意的。但我們人類的能力比較起來，實在可憐
我們會能有那麼一天，和火星通信嗎？
我們在最近二世紀來科學方面的成就，的
大發動機；在建築方面造成了二千多呎的摩
倍；把熱帶溫帶的植物移植到了差不多大
具上的發展：我們由一天走不到六七十里路
櫓搖的渡船，到七萬多噸，每小時走一百里的
時代了，中國航空公司的杜格拉斯（Dougla

《浙江青年》中钱学森的文章

这时候，人们在国内的《浙江青年》杂志上看到一篇署名钱学森的文章，在这篇题为《火箭》的火章中，钱学森表现出对速度的浓厚兴趣和对天空的无限向往。他写道：我们在最近两世纪来，科学方面的成就的确不少了。最足以为自豪的是我们在交通器具上的发展：我们由一天走不到六、七十里的牛车，到一小时飞奔二、三十公里的流线型火车。我们由橹摇的渡船到七万多吨、每天走一百里的法国邮船瑙曼地号（Normandie）。现在又是天空的时代了，中国航空公司的杜格拉斯飞机(Douglas)可以在一小时中飞六百里。所以人们喊出：我们征服天空了！“你在一个清朗的夏夜，望着繁密的闪闪群星，有一种可望不可及的失望吧。我们真的如此可怜吗？不，决不！我们必须征服宇宙。”在一个国难当头的年代，对一个灾难深重的民族，这样的梦想是那样渺小，梦想的彼岸又是那样遥不可及。

1935 年赴美公费的学生轮船上合影（后起第二排左二为钱学森）

1935 年 8 月，钱学森从上海登上杰克逊总统号邮轮，开始了追寻梦想的漫长旅程。在这一届赴美公费留学生的 20 人名单中，还有日后对中国各个方面产生巨大影响力的人物，如历史学家夏鼐，空间物理学家赵九章，水利专家张光斗等。钱学森是其中唯一进修航空学和飞机设计专业的学生。

他曾经跟我说过，他说我那时候出去，我不光是得学位，我就是想，我就要把世界上最先进的东西都学到手，站到他们所有外国人的前面，我要回来。他就下了这种决心。据他的一些老朋友回忆，钱老在早年比如他的中小学，大学，其实是比较沉静，比较内向的一个年轻人，但是他内心有这么一个强烈的爱国情怀。

——涂元季

邮轮驶入大海，渐渐远离了身后那落后贫穷、战乱频仍的祖国。24岁的钱学森心情无比复杂，他决心以自己的力量帮助祖国人民走出苦难境地，但他必须使用美国人提供的奖学金，而这笔钱却来自几亿中国同胞的血汗。大海烟波浩淼，前方是一个未知的世界。在征服太空之前，他首先要孤身一人前往一个陌生的国家。

> 比方说一个人的动力，如果你是为了个人，和你为了改变国家的面貌，后面有几亿人等着你回来建设，我想这个动力是绝对不一样的，绝对不一样的。他就是怀着这样一种强烈的爱国之心出去的。
>
> ——涂元季

一条美丽的河流静静流过美国波士顿，它叫查尔斯河，著名的哈佛大学和麻省理工学院就坐落在查尔斯河畔。钱学森经过了一个多月的海上颠簸，来到了这里，就读于麻省理工学院航空系，学习航空工程。

美国波士顿

美国麻省理工学院

建立于 1861 年的麻省理工学院是美国一所综合性私立大学，是世界最富盛名的理工科大学，麻省理工的自然及工程科学在世界上享有极佳的盛誉。在波士顿的麻省理工学院，钱学森就像在交通大学一样，凭借优异的学习成绩成为同学中的佼佼者。

> 有一次考试很多学生答不上来，都抱怨老师出的是偏题怪题，有一个学生发动，大家说咱们得找老师去评理去，他凭什么给我们出这么难的题，大家都不会做，你这是什么意思？结果大家就走到老师的办公室，老师的办公室门是关着的，但门上别着一个试卷，大家过去一看，这是钱学森的试卷，都做出来了，而且得的是很高的分。
>
> ——钱永刚

但很快，钱学森也面临了严峻的挑战：由于国内学校缺乏实验设备，中国学生一般偏重理论，他对那些比较强调动手的课程明显感到吃力，虽然钱学森成绩优异，但在实验课堂上，因为操作工具的笨拙，而常常遭受老师和同学们的嘲笑。

美国麻省理工学院航空系

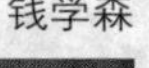

钱学森

在美籍华人作家张纯如撰写的钱学森传记中，曾记载了这样的一件事：钱学森的一位好朋友费哲尔说，钱学森曾去找系主任汉·萨克，对航空学课程过分注重实验表达了自己的不满，但这位系主任答道："听着，你不喜欢这儿，就回中国去算了。"

> 出去后他也深感那个时候，中国人在国外不受尊重，抬不起头来，人家都瞧不起你。
>
> ——涂元季

在学校，钱学森喜欢独处，一个人去剧院听著名的波士顿交响乐团的演出，一个人在教室里安静地看书，一个人在校园里沉思，一个人忍受漂泊海外的孤独落寞，一个人苦苦坚守心中的梦想。

1936年的秋天，钱学森仅用了一年时间就取得了航空工程硕士学位。但钱学森并不兴奋而是沉重，他又独自一人来到了查尔斯河畔，苦苦思索自己的未来。他必须要做出一个选择，是回到中国找一份待遇不错的工作，还是留在美国继续攻读博士。

经过在美国的一年学习，钱学森也发现，多年图书馆里的熏陶，理论思考是他的学术强项，他决定继续留在美国学习航空理论。

钱学森给父亲写了一封信，他告诉了父亲自己的决定。没想到的是，钱学森的这一想法遭到了父亲的强烈反对，在老人看来，中国知识分子的问题就是空谈误国，航空理论不能解救危亡的中国。

为了阻止儿子的选择，钱均夫想到了他的好友蒋百里。蒋百里那时正在欧洲考察军事，回国时会从美国路过，他希望蒋百里能劝说钱学森改变决定。蒋百里是钱钧夫的浙江同乡，钱均夫在日本学习教育时，蒋百里正在日本学习军事，后来以第一名的成绩从日本陆军士官学校步兵科毕业。回国后，蒋百里先后担任了国民政府陆军部高等顾问、总统府军事参议、陆军大学代理校长等重要职务，成为中国近现代一位有重要影响的军事思想家。但是贫弱的国力和落后的军事实力，只能使这位心雄万夫的职业军人壮志难酬。

钱学森上海旧居

1936 年，抗日战争爆发前夕，蒋百里到欧洲考察，目睹了德国空军力量的迅猛发展，那时，他已经注意到飞机发展的前景。

结束德国的考察后，蒋百里来到美国看望钱学森。蒋百里对钱学森选择航空理论的想法十分赞成，他认为航空不仅是钱学森一个人的梦想，也是民族和国家的梦想，并答应回去以后一定说服钱均夫。

蒋百里 1（1882~1938）
著名军事理论家　蒋英之父
曾任保定陆军军官学校校长

蒋百里 2

蒋英
蒋百里之女　钱学森夫人

我父亲的思想比他（钱均夫）新一点，就觉得不学飞机，你不对，你应该听你的儿子，你的儿子要学理论，他就做了钱钧夫的工作，他才同意。所以钱学森很感激我父亲，说我父亲理解他，帮助他。

——蒋英

蒋百里回国后的第二年，发生了“七·七事变”，抗日战争全面爆发，很快，中国大片国土被日军占领。

“七 · 七事变”

1938 年，蒋百里在陆军大学撤往贵州的途中不幸病逝，他未竟的理想，成为对钱学森的更多期许。

钱学森自拍像

钱学森在美国

1936年秋天，25岁的钱学森穿戴整齐，带着简单的行李出发了，这次他要从东到西横跨美国大陆，去加利福尼亚州一个叫帕萨迪纳的小镇，拜见一位从未谋面的人。

这个25岁的中国青年，将踏上了一个怎样的旅程？在实现梦想的道路上，他又将遇到怎样的阻碍呢？

（撰稿人：邱红杰）

第二集 留美

1950 年钱学森在美国移民局召开的听证会上接受审查

被美国政府拘禁，今已五年，无一日一时一刻不思归国参加伟大的建设。

——钱学森

（摘自 1955 年 6 月 15 日钱学森致陈叔通信）

钱学森到了美国以后，他的科学才华很快就引人关注，但是他的生活和工作是快乐的吗？他为什么最终没有选择留在美国继续他的科学生涯呢？

著名的加州理工学院坐落于美国加利福尼亚州的帕萨迪纳。1936年，25岁的钱学森孤身一人横穿美国大陆来到这里，他此行的目的是拜见充满传奇色彩的冯·卡门教授。

55岁的冯·卡门当时担任加州理工学院著名的古根海姆空气

西奥多·冯·卡门
加州理工学院航空系主任

美国加州理工学院

冯·卡门办公室

动力学实验室主任和加州理工学院航空系主任，他是公认的美国空气动力学泰斗。

在这幢大楼二层的一间办公室里，冯·卡门也正在等待着年轻的钱学森。

在这本由冯·卡门口述，《华盛顿邮报》科学新闻记者李爱特生执笔的传记中，详细记录了冯·卡门与钱学森第一次见面的经过："我抬起头来对面前这个身材不高、神情严肃的青年打量了一下，然后向他提了几个问题。所有问题他回答得都异常正确。顷刻之间，我就为他的才思敏捷所打动，接着我建议他到加州理工学院来继续攻读。"

后来人们发现，这是一次对两个人都有深远影响的会见。就这样，钱学森成为冯·卡门的学生，他来到加州理工攻读博士学位。

创建于1891年的加州理工学院是一所私立大学，它培养学生的宗旨是"为教育事业、政府及工业发展需要，培养富有创造力的科学家、工程师"。学校位于距洛杉矶只有四十分钟车程的帕萨迪纳市。

让钱学森感到欣喜的是，这座小城四季如春，花香四溢，与他的家乡杭州有些相似。

除此之外，加州理工注重理论研究和创造性思维的教学科研方式，也让钱学森如鱼得水。

1908年 加州理工学院

范绪箕 教授
钱学森加州理工学院同学，历任浙江大学航空系主任、南京航空学院副院长、上海交通大学副校长、校长

与钱学森同一年到加州理工学院留学的范绪箕，与钱学森一起经历了那段岁月。

> 加州理工学院的学生很少，而且那个时候，加州理工学校既没有女学生，又没有黑色人种，就是清一色的白种人，都是男人，在学校里，学生一共才有800人，教师也800人，研究生也是800人，三八制。所以平常一进去的话静悄悄。
>
> ——范绪箕

在加州的中国学生想要租房子并不容易，很多房东认为，房间里住进一个中国人，就会让其他客人望而却步，影响租房生意。无奈的范绪箕只好租下了一整套公寓，钱学森也搬来和他同住。

美国加州帕萨迪纳市一角

钱学森在加州理工学院

> 一看中国人来了，有的美国学生当着钱老的面就说中国人，女人裹小脚，抽鸦片烟，封建、迷信，显得很落后、愚昧，嘲笑中国人，嘲笑这个民族，我父亲就不干了，就拍案而起，跟他们说，我们中国落后，与你们美国比，这些国家与国家之间，我们没法相比。但是，我中国人和美国人比，我一点不比你们差，不信，咱们学期末看谁功课好。
>
> ——钱永刚

这些偏见似乎对钱学森并没有很大影响，他终日沉浸在读书和理论思考之中，这带来的愉悦足以让他忘记歧视和冷眼。

在加州理工学院，钱学森几乎足不出户，但冯·卡门每周主持的研讨会他肯定出席。他提出的问题令老师们都感到惊讶。

冯·卡门（前排左四）

冯·卡门1881年出生于匈牙利的布达佩斯。第一次世界大战后，他在德国致力于飞机设计和航空理论研究。20世纪30年代，纳粹在德国活动日益猖獗时，身为犹太人的冯·卡门不得不离开德国，到美国寻找栖身之所。他身材不高，有一双铁灰色的眼睛和浓黑的扫帚眉，一头黑发经常是乱糟糟的，但在学术界广受尊重。

似乎与钱学森有某种缘分，冯·卡门曾于1933年在清华大学做过顾问。冯·卡门指导钱学森如何从工程实践中提取理论研究的对象，也教他如何把理论应用到工程实践中去，这让钱学森受益匪浅。

在加州理工学院，冯·卡门也是钱学森最信赖和尊重的人，他总是称冯·卡门为“尊敬的老师”。很快，他们两人渐渐形成了一种难以言状的默契。

冯·卡门的回忆录中，他唯一用单独章节记述的学生就是钱学森。他写道：“钱学森跟我一起解决很多数学难题。他想像力极为丰富，不但数学能力强，而且善于观察自然现象的物理性质，在若干相当困难的题目上，都能帮助我理清观念。他的天资卓越，实在难能可贵，我们顺理成章地成为亲密伙伴。”

冯·卡门的美国学生马勃，经常和钱学森一起在老师的指导下工作，至今他对钱学森和冯·卡门合作时的心有灵犀仍感叹不已。

弗兰克·马勃
加州理工学院教授

> 他们经常都能够想到一起，这是一方面。另一方面是，钱学森工作起来非常的认真仔细，如果他说他将要研究什么，他回到家坚持工作八个小时、十个小时。在工作完成之前，冯·卡门甚至都忘记了他让钱学森做什么。
>
> ——马勃

这种信任和默契，也让众人视线之外的钱学森仿佛换了一个人。

在外人看来，钱学森经常不苟言笑，不喜欢与人交往，但冯·卡门却说：钱学森很喜欢上我家串门，由于他的见解饶有风趣，态度直率诚恳，因此我妹妹非常欢迎他。

多年之后，钱学森的夫人蒋英再次追忆往事，仍然对当年钱学森和冯·卡门之间的深厚交情记忆犹新。

> 卡门特别喜欢他，卡门拿他当自己的儿子一样，看见他总是拍拍他，就是当自己的儿子那样喜欢。除了到卡门那里去以外，他平常很少去其他地方，他的朋友不多，个别的有懂音乐的朋友，懂画画的朋友，都跟他的业余兴趣爱好有关系。一般他与朋友来往很少。
>
> ——蒋英

蒋英　钱学森夫人
著名军事理论家蒋百里之女
曾留学德国柏林大学音乐学院，获硕士学位

钱学森在加州理工学院的第二年，抗日战争在中国爆发，日寇的铁蹄践踏着钱学森的祖国。

冯·卡门完全能够理解钱学森的境遇，那时，欧洲的犹太民族也正饱受法西斯主义的荼毒，这也正是他背井离乡逃奔美国的原因。

钱学森（前排左一）和冯·卡门（后排右二）及他的妹妹（后排左三）

国家和民族的相似命运，无形中将两个人拉近，两个同样孤悬海外的游子，因为相似的命运遭遇而惺惺相惜，相互尊重，相互扶持。对于背负着屈辱并且发誓要告别屈辱的人而言，尊重是最大的理解和关怀。或许正是这样的感情让冯·卡门和钱学森在异国他乡的土地上，在一个尖端科学领域，开始了一段“卡门－钱”的时代。

在冯·卡门的指导下，1939年6月，钱学森取得航空、数学博士学位。在他的博士论文中，以崭新的近似方程式，解决了飞机高速飞行时壳体会发生变形的数学计算难题，这个算式被广泛地应用于飞机翼型的设计，这就是著名的“卡门－钱近似”公式。28岁的钱学森从此声名鹊起。1940年后，他成为冯·卡门的助手，帮助冯·卡门指导研究生。

1939年钱学森获得加州理工学院航空、数学博士学位

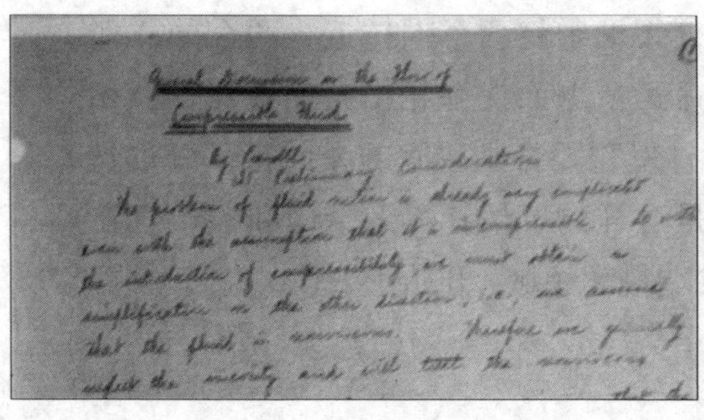

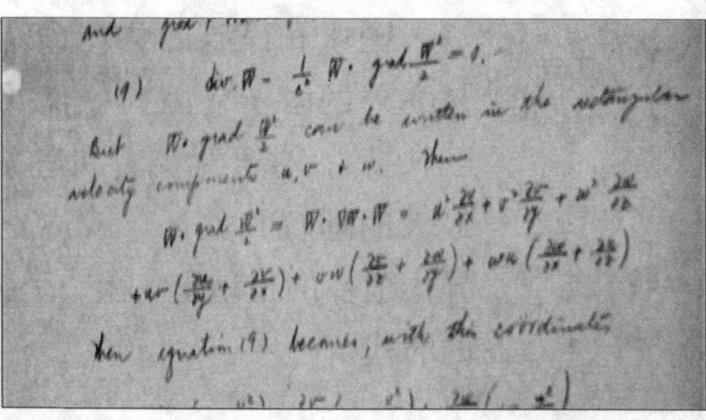

钱学森博士论文手稿《可压缩流体的二维亚声速流动》

曾在古根海姆空气动力学实验室学习过的冯元桢，每天都会去实验室，他感受到钱学森当时在加州理工学院的地位。

> 这个楼梯是一层、两层，然后转弯过去，就是我们那一长排办公室，他（钱学森）的办公室在头上，他可以看到是哪个上来，哪个没有上去，他都可以看清，大家都很怕他，不是怕他，就是敬重他。
>
> ——冯元桢

冯元桢
美国加州大学圣地亚哥分校教授，
生物力学创始人，被称为“生物工程之父”

在加州理工学院，钱学森得到了一个外号：the son of Heaven，译成汉语叫做“天之子”。

在加州航空系的四楼有一个长廊，详细记录了航空系成立历年来取得的重大成就，其中一条记录了钱学森曾在 1937 年参加了一个被称为“自杀俱乐部”的团队。

弗兰克·马林纳
火箭试验发起人

从洛杉矶市区出发，进入 110 号高速公路，行驶 20 分钟，就到了一个三面环山的建筑群，这里至今还是军事禁区，这个神秘的地方就是美国宇航局喷气推进实验室，简称 JPL, 现在美国所有的太空无人探测研究都在这里进行。它的前身是加州理工学院古根海姆空气动力学实验室，创建于 20 世纪 40 年代，美国最初火箭和射程极远的火箭武器，也就是现在所称的导弹的研究，就是从这里开始起步的。当年这个山谷还是一片荒凉，但钱学森和加州理工学院的一群年轻人，共同参与试验并发射了他们的第一枚火箭。

这个名叫马林纳的波兰青年是这项实验的发起人，在钱学森来到加州理工学院之前，马林纳已经投身到冯·卡门的门下。

美国喷气推进实验室

他向冯·卡门提出，希望研究探空火箭。冯·卡门的态度却让马林纳惊喜不已，他同意马林纳和其他两个年轻人利用古根海姆实验室的设备。当时正在做博士论文研究的钱学森也加入了这个火箭研究小组。这个火箭小组频繁地试制助推燃料，在试验室里造成了多次意外爆炸。古根海姆实验室经常浓烟四溢，零件横飞，所以他们的小组被称为“自杀俱乐部”。

冯·卡门不得不让他们搬到距加州理工学院7公里以外的一个山谷里去做试验，以防他们把加州理工学院也给炸掉。在那里，他们成功发射了几枚试验性火箭。很快，他们的试验引起了军方的注意。

“自杀俱乐部”全体成员

亨利·哈里·阿诺德
美国陆军航空部队司令
五星上将

1938 年 5 月，美国陆军航空兵司令、五星上将阿诺德来到古根海姆实验室，对火箭研究表示特别的关心。1941 年 8 月，“自杀俱乐部”发明的火箭助推起飞器应用于飞机，试飞成功。

1943 年夏天，冯·卡门接到了美国军方列为最高机密的几张照片，照片中显示，在已被德国占领的法国北部海岸发现了几座奇怪的建筑。冯·卡门推测那是火箭发射台，由此他推断，德国正在大规模发展火箭武器。冯·卡门立刻建议美国政府也出资建立一个喷气推进实验室，研究制造远程火箭武器。

列兵 A 型号导弹

1944 年 2 月，喷气推进实验室成立，实验室设立弹道、材料、推进、结构等四个部门。钱学森负责推进部门，并参与共同管理弹道部门。美国政府每年投入 300 万美元，开始研究代号为“列兵 A”的火箭武器。

然而，德国人走在了美国人的前面。1944 年 9 月，英国伦敦传来一声巨响，一枚飞越英吉利海峡的火箭，准确地命中了英国的首都。

黄纬禄
两弹一星功勋科学家
中国科学院院士
国际宇航科学院院士
曾任国防部五院分院副院长，航天部总工程师、高级技术顾问，曾主持我国第一枚固体战略导弹的研制

后来曾经担任我国固体战略导弹总设计师的黄纬禄，当时还在英国实习，他亲眼看到了这一幕。

> 它的弹头里装了一吨炸药，就是在我实习的那个工具设计室的窗户外面，大概五米到十米远的地方掉下来，爆炸了，这个（设计室）里面有五个工作人员，当场就炸死四个，有一个受了重伤，急忙送医院，还没送到医院，在途中也死了，那里面看着真是惨不忍睹。
>
> ——黄纬禄

1945 年 3 月，欧洲战场上的法西斯军队全面败退。美国和苏联开始了对德国高科技成果的争夺，和苏联抢夺工厂设备不同，美国制订了一个抢夺德国科学家的秘密计划。1944 年 9 月，阿诺德单独约见冯・卡门，建议冯・卡门组织一个顾问团赴德国调查德国航空和火箭研究的情况。冯・卡门请钱学森加入，成为顾问团的核心成员。1945 年 4 月底，美国国防部科学顾问团启程前往德国，钱学森是这其中惟一持外国护照的成员。

美国国防部科学顾问（后排左二为钱学森）

1945 年 攻克柏林

德国从 1932 年就开始了远程攻击武器的研发，并成功研制发射了几千枚被称作“秘密武器”的 V–2 火箭。但纳粹德国最后还是输掉了这场战争。在那里，钱学森和冯·卡门见到了德国火箭研究的最高权威冯·布劳恩等人。

他们发现，在只有 33 岁的冯·布劳恩率领下，德国在火箭和超声速飞机方面的研究已经远远走在了前面。战争结束后，冯·布劳恩不仅没有被送上军事法庭，还长期主持了美国的火箭导弹研制计划。

阿诺德将军与冯·卡门

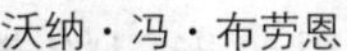

沃纳·冯·布劳恩

后来由 30 多位美国专家完成的题为《迈向新高度》的报告，为美国战后飞机和火箭导弹的发展提出了长远规划蓝图，九卷的报告中有五卷由钱学森执笔完成。

shock wave and boundary layer;

A survey report of both the German aeropulse and the American version of it, comparing performance and studying specific fuel consumption of this type engine;

A comprehensive report on the future trends in the design and development of solid and liquid fuel rockets with an analysis of the solid and liquid propellant rockets now used or suggested for use in propelling artillery rockets, for the assisted take-off of aircraft, for the launching of flying bombs and missiles and for the propulsion of large missiles.

Your reports should indeed be of great assistance in planning the future research program of the Army Air Forces.

Very sincerely yours,

H. H. ARNOLD
Commanding General, Army Air Forces

阿诺德将军的感谢信

为此，阿诺德将军专门致信钱学森，对他具有广泛的、卓越价值的贡献表示感谢。阿诺德在信中说，你的报告的确会对计划空军部队的未来研究项目带来极大的帮助。

在德国之行中，钱学森随同冯·卡门还在哥廷根大学见到了冯·卡门的老师路德维希·普兰特，他是现代空气动力学之父，德国火箭研制的核心人物之一。这是一次充满戏剧性的尴尬会见，因为当年的教授已成了盟军的囚犯，而他的学生成了提审的军官。

许多年以后，冯·卡门在回忆录里回顾了这段奇特的经历。他说，一个是我的高足，他后来终于返回中国，把自己的命运和红色中国连接在一起；另一个是我的老师，他曾为纳粹德国卖力工作。境遇是多么不可思议，竟将三代空气动力学家分隔开来，天各一方。

1947 年，冯·卡门因为与加州理工学院管理层的矛盾而提出辞职，钱学森也随即选择离开。36 岁的钱学森来到麻省理工学院，与当年不尽愉快的学生时代相比，这次他被麻省理工学院奉若上宾，成为最年轻的教授。

新中国成立

1949年10月1日，中国的未来开始改变。

也就在这一天，刚从麻省理工学院回到加州理工学院的钱学森来到了学校的咖啡厅，出席中国留学生的一个聚会，他交大的同学罗沛霖是这次聚会的组织者，他是经钱学森推荐，得到留学机会的。

> 和别人比较起来，他不大多说话，也很高兴，那就不用说，他在美国是参加机密科学研究的，所以有一些事情他也不大好多说。
>
> ——罗沛霖

也就在这时，钱学森收到了一封来自国内的信：全国解放在即，东北华北早已安定下来了，正在积极地恢复，建立各种工业，航空工业也在着手，希望您能很快地回到国内。

钱学森在授课

盼望着早日学成回国报效祖国的钱学森在这之前已辞去美国海军研究顾问一职。新中国的气象，吸引着钱学森。这时，钱学森在美国的事业也进入到了一个新的阶段：1949 年，在冯·卡门的建议下，古根海姆基金会决定在加州理工学院建立一个喷气推进中心，致力于培养青年工程师和科学家，研究喷气推进先进理论和应用。钱学森被任命为中心主任，他拥有了赴美以后最好的工作条件和最大的信任。

钱学森与夫人蒋英

这是一张当时钱学森和蒋英的合影，从这张照片中可以看出，钱学森一家正沉浸在对美好前途的憧憬之中。然而，噩运不久就降临到钱学森的头上。

1950年，美国笼罩着一股恐怖的冷战气氛。由于新中国的成立和朝鲜战争的爆发，美国掀起了以麦卡锡主义为主的反共、排外运动，波及到政治、文化、科学领域。

那年的6月6日上午，两个联邦调查局的人走进了钱学森的办公室。他们怀疑钱学森是共产党地下组织成员。神秘的客人走了以后，加州理工学院接到了美国军方的秘密信函，告知不准钱学森参与任何军方的机密计划。而当时，作为喷气推进实验室和喷气工程公司顾问的钱学森，从事的工作中有90%属于机密，这等于剥夺了他工作的权利。7月，军事当局吊销了钱学森从事机密研究工作的安全执照。钱学森高傲的秉性让他不屑于向当局申辩，他只想立即回国。

8月21日，钱学森飞往华盛顿，而这时，一家打包公司已把家里的一切物品打包，装进了8只大木箱，准备海运回国。

在五角大楼，钱学森约见了负责喷气工程项目的美国海军次长金贝尔，钱学森告知他，自己即将回国。在钱学森离开后，金贝尔建议阻挠钱学森回国，他说："钱学森抵得上5个师的兵力，他掌握着火箭武器的重大机密。"

丹尼尔·金贝尔　美国海军次长

钱学森的行李被扣押

回到洛杉矶的家中的钱学森发现，他准备托运的8只大木箱被海关扣留。这时，一件让全家人更为措手不及的事情发生了。

他上华盛顿去了，回来就跟我说，说咱们走不成了。我不能走，他们不让我走。第二天早上，来了两个人，打开门，说钱学森在不在，没说别的话。钱学森就一身便装，什么东西也没拿。就跟着他们走了。我就警惕起来，他一走，我赶快就给学校打电话，我说不对不对，有人来把钱学森带走了，带到哪里去你们问一问。

——蒋英

特米罗岛　移民拘留中心

钱学森被拘留在太平洋的特米罗小岛上，那里警卫森严，四面高墙上都布满了通电的铁丝网，每个房间都由持枪的哨兵日夜轮流看守。

他关在里头，我去看他的时候是第12天，他瘦的很，脸色苍白，憔悴的不得了，眼睛没有力气，我一看到他，心里就感到着急，可恨啊，怎么美国人在13天就能够把他变成这个样子。

我说我们已经跟律师说好了，明天就可以来接你出去了。哎，我就奇怪他怎么不说话呀，他没叫我名字也没说话，原来他不但失去了13磅（体重）而且也失去了语言能力，我们第13天去接他出来的时候，他什么人也不理，他只跟我，但是他一句话也不会说，我跟他说回家了，孩子都好，你放心，他这样，只知道点头。我就发现他不会说话了，13天他丢掉了13磅（体重），他一天掉1磅（体重），人虚的不得了。

——蒋英

保释后的钱学森虽然可以重新回到加州理工学院安静的校园，但生活却发生了重大转变。1951年4月，美国司法部宣布钱学森有共产党嫌疑，对美国的国家安全造成威胁，应予以驱逐出境。但美国军方又不允许钱学森离开美国，反而加紧了对他的监视。

我们到他家去看他的时候，也有政府方面的人在那里，就守在边上。反正不太自由，你们讲什么他都听见了，他就在附近也坐下来了。

——冯元桢　加州大学圣地亚哥分校教授

这是我们在外交部档案馆里找到的移民局签到记录，记录中显示，钱学森每个月必须要到当地移民局报到，以显示自己没有离开美国，而且他平时的活动范围也受到了限制。

在很短的时间里，钱学森搬了四次家，因为他每天都会接到陌生人的电话，有时上街也有人监视，平时的邮件也被人打开，甚至有陌生人擅自闯入家中。长达五年的软禁，对性格内向而孤傲的钱学森来说，每一天都是屈辱的累积。

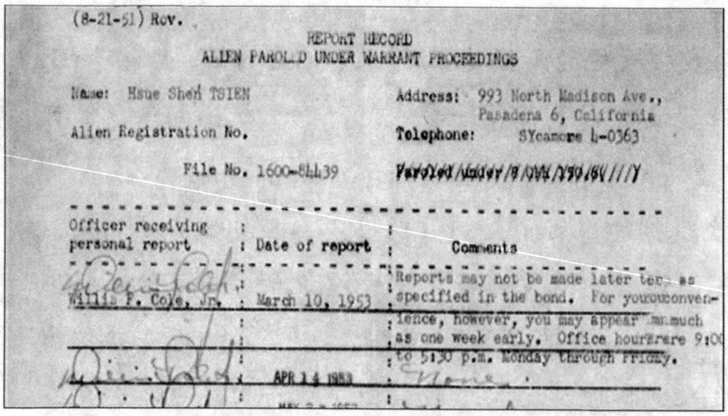
(8-21-51) Rev.

REPORT RECORD
ALIEN PAROLED UNDER WARRANT PROCEEDINGS

Name: Hsue Shen TSIEN　　Address: 993 North Madison Ave., Pasadena 6, California

Alien Registration No.　　Telephone: SYcamore 4-0363

File No. 1600-84439

Officer receiving personal report	Date of report	Comments
Willis F. Cole, Jr.	March 10, 1953	Reports may not be made later than as specified in the bond. For your convenience, however, you may appear as much as one week early. Office hours are 9:00 to 5:30 p.m. Monday through Friday.
	APR 14 1953	None

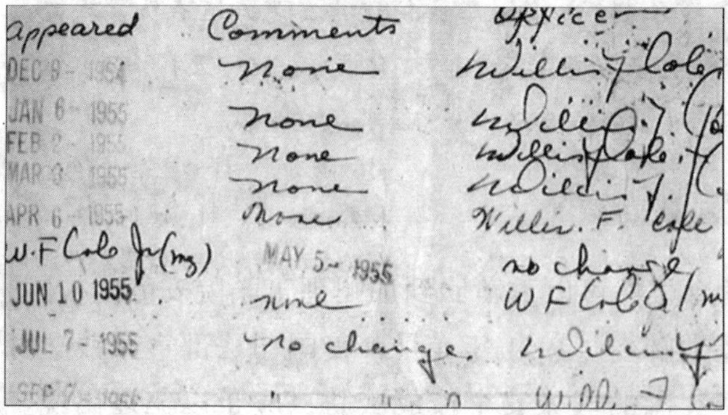
Appeared	Comments	Officer
DEC 9 - 1954	None	Willis F Cole
JAN 6 - 1955	None	Willis F. Cole
FEB 2 - 1955	None	Willis F Cole
MAR 3 - 1955	None	Willis F. Cole
APR 6 - 1955	None	Willis F. Cole
W.F Cole Jr (mg) MAY 5 - 1955	no change	W F Cole
JUN 10 1955	none	
JUL 7 - 1955	no change.	Willis F

钱学森在美国移民局的签到记录

钱学森 1954 年的著作《工程控制论》

> 我们的家，在帕萨迪纳的家都是平房，都是土房，所以我们的家的窗户都是打开的，都被特务包围，学校还是邀请他到学校去教书，还可以上课。他不教书，但是他不在家里，他还是每天开车到学校去，晚上回来，就是这样等了五年。
>
> ——蒋英

钱学森每天独自来到学校，他辞去了所担任的一切职务，埋头写作，他曾连续四个月每月完成一篇论文。

在这期间，钱学森完成了 40 万字的《工程控制论》，这部影响巨大的著作是那段不平凡岁月的最大慰籍。

> 所以这个时候他的意思就是争气，你们说我搞火箭，我可以不搞火箭，我搞另外一个行当，我可以搞工程控制论，所以他在五年当中写了一本书，写了这本工程控制论的书。
>
> ——蒋英

毛泽东与陈叔通

作为一个来自中国的科学家，为中国人赢得尊重是他能够留在美国的最大动力，而现在他内心深处只有一个心愿：尽快回到祖国。但当时的中国，并不了解钱学森的遭遇。

在冯·卡门的回忆中，这样描述钱学森当时的状态：对他来说，这是一种屈辱。他从来没有放弃返回中国的打算，他认为中国真正在营救他，只有回到祖国他才会得到应有的尊重。

一个意外的机会降临了。1955 年的夏天，一位中国餐馆的伙计提着一篮菜前往钱学森的住地，他离开后，钱学森在菜篮里发现了一本《中国画报》，里面报道了中国庆祝“五一”劳动节的盛况。其中，一张照片引起了钱学森的注意，在天安门城楼的国家领导人中间，他发现了一位熟人，当时全国人大常委会的副委员长陈叔通，他是钱学森父亲的老师。

陈叔通 时任全国人大常委会副委员长

他高兴极了，那陈叔通一定跟毛主席有联系呀。咱们找到路子了，我们写信给陈叔通。告诉陈叔通我们现在的情况，希望中国政府干涉，救我们回国。

写完了以后，我就模仿孩子的手笔写了地址。我有一个妹妹，这个妹妹在比利时。久居在比利时，这封信寄到中国没用，寄到哪里都不行。因为我们的信来往都是控制的，所以我就模仿孩子的手笔，写上比利时的地址。我们跑到一个很远很远的黑人超市去，去买菜。因为用黑人超市的信箱他们不会怀疑我们的。因为我们来往的信都有人调查的。所以我说我们到黑人信箱去，把那封信丢在黑人超市的信箱里去。居然躲过了他们特务的眼睛。这封信到了比利时，我的妹妹已经知道了我们的事情了。她也很聪明，赶快把这封信寄给了钱学森的父亲。

——蒋英

这是一封求救信。在信中，钱学森这样写道：

被美国政府拘禁，今已五年，无一日一时一刻不思归国，参加伟大的建设。

日内瓦会谈

陈叔通接到钱学森父亲转来的信后，随即送往中南海，放在了时任国务院总理周恩来的办公桌上。

信件很快送往日内瓦。而此时，中美关于双方平民交换的大使级会谈正在艰难进行着，正当美国政府狡辩：没有证据表明旅居在美国的中国人想回去，我方代表出示了钱学森的信件，美方哑口无言。1955 年夏天，美国方面同意让钱学森回国。周恩来总理说，虽然这次中美会谈没有取得实质性的成果，但要回来了一个钱学森，也值。

钱学森马上开始收拾行装。听到这个消息后，他很多朋友登门拜访，劝他留下来，毕竟在美国有更好的研究和生活条件。但钱学森还是拿定主意，坚持回国。

临走前，冯·卡门将自己最心爱的一张照片送给了钱学森，并用德语留言：我们不久会重逢。但谁也没想到，这一别后，师徒再也没有见面。

冯·卡门

1963 年，82 岁的冯·卡门因病逝世。他生前只能在回忆录里重温与钱学森的情谊，远在中国的钱学森也只能用深情回忆来纪念恩师。

2001 年，钱学森在家中。“我总是和蒋英回忆起，我们和冯·卡门一起度过的日子。”

1955 年 9 月 17 日，钱学森全家登上“克利夫兰总统号”邮轮，准备启程。他仍然带着那几箱曾被美国当局扣压的资料。事后证明，他们在里面没有发现任何涉及机密的材料。许多人前往码头为钱学森送行，在一张照片中，有一个背对着的人，他是一位美国特工，在阻止一些人接近钱学森。

在码头上为钱学森一家送行的人群

1955 年 9 月 17 日，钱学森一家启程回国，在克利夫兰总统号轮船的甲板上

就说美国人坏到这种程度。而船靠岸，要下船，到日本去看看，日本东西，便宜，意思就是引诱我们下船 。这规定就是，你要在日本遭枪杀，我美国人不负责任，我们也很聪明，钱均夫，就是钱学森的父亲，很聪明，也是陈叔通，让钱均夫打电报给我们：千万不要离开船。所以我们都明白，我们要一离开船，可能就有危险。

——蒋英

Jet-Propulsion Scientist Sailing to Red China

Dr. Hsue-shen Tsien Ends Long, Honorable Career Here to Help People of Own Nation

Dr. Hsue-shen Tsien, 46, for everal years head of the Caltech Jet Propulsion Center, ailed at 4 p.m. yesterday board the President Cleveand for Red China.

The Chinese scientist, decribed as "one of the hottest en in the jet propulsion ield," was accompanied by is wife and two children.

Dr. Tsien, who has been living here and working at Calech for the last five years hile under $15,000 bond ending implementation of a eportation order issued gainst him in 1950, told reorters, "I do not plan to ome back. I have no reason o come back. I have thought bout it for a long time. I plan o do my best to help the Chiese people build up the naon to where they can live ith dignity and happiness."

Doctorate From Caltech

He also said he would like correct the statement that is a rocket expert. "I am ot a rocket expert," he delared. ... known s an applied scientist who elps engineers solve their roblems. The science of cketry is just a small part f this field."

Dr. Tsien has had a long nd honorable career in the United States beginning in 1935 when he came to Caltech as a graduate student. In 1939 he received his doctorate there. In 1946 he left Caltech for the Massachusetts Institute of Technology where he was a professor of aerodynamics. He returned to Caltech in 1949 to set up the Guggenheim Jet Propulsion Center.

His denial of any bitterness toward the United States was belied by his words and manner when he told reporters yesterday, "I have been artificially delayed in this country from returning to my country. I suggest you ask your State Department why. Of your State Department and myself I am the least embarrassed in this situation.

Objective Is Peace

"I have no bitterness against the American people. My main objective is peace and the pursuit of happiness."

He replied to a question that his wife shared his feelings.

Also on board the President Cleveland was Dr. Cheng Wei ..., who has been a physicist working at the City of Hope in Duarte. He declined to make any statement to reporters. He was also at Caltech before going to the City of Hope in 1954 and is cred-

洛杉矶报纸报道钱学森回国

火箭专家返回红色中国成为了当时美国媒体最为轰动的新闻，洛杉矶报道说，加州理工学院工程师钱学森博士，昨天搭“克利夫兰总统号”邮船回中国，他发誓再也不到美国了。钱博士和他的妻子、两个孩子同行。

上船之前，这位在美国生活了 20 年，其间又经受了五年屈辱生活的科学家坚定地说，“我打算回中国去，竭尽全力，与中国人民一道建设国家，使中国人民过上有尊严的幸福生活。”

钱学森和家人将要回到中国，祖国将要怎样迎接这位孤悬海外多年的游子，他的人生又将发生怎样的转折?

（撰稿人：邱红杰）

第三集　归国

钱学森

今天是足踏祖国土地的头一天，也就是快乐生活的头一天！

——钱学森

（摘自1956年9月11日钱学森致郭永怀信）

经过一个多月的海上风浪颠簸，钱学森回到了充满生机的祖国，他决心为自己的祖国奉献平生所学，他将要经历一生中最重要的转折。

1955 年 10 月 1 日，新中国成立六周年国庆节。毛泽东和刚刚授衔的共和国将帅登上天安门城楼，检阅解放军部队。部队官兵穿着新制式军服，佩带军衔、领章，军容焕然一新。此时，刚刚进入和平建设时期的新中国，国防建设正面临着严峻的形势。在第二次世界大战后，美苏两国竞相发展以核弹和导弹为代表的高科技武器，核阴云笼罩在两个对立阵营的上空。在朝鲜战争、台海冲突中，美国就多次扬言要对中国使用核武器。面对这样的核威胁和核讹诈，共和国的领导人迫切感到，必须尽快发展中国自己的国防尖端武器。但是，刚刚成立不久的新中国科技力量和经济基础都还很薄弱，发展新型武器似乎遥遥无期。在 1955 年的国庆阅兵上，毛泽东和将帅们看到的，只是清一色的苏制常规装备。就在这个时候，在美国被羁留了五年的钱学森回来了。

1955 年新中国成立六周年国庆节

1955 年新中国成立六周年国庆节

1955 年的国庆刚过，钱学森和家人经过将近一个月的海上颠簸，抵达香港。在人们的企盼中，钱学森和他的家人走过香港和深圳之间的罗湖桥，再穿过一个铁栅栏门，踏上了祖国大陆的土地。钱学森看到了鲜艳的五星红旗，这一天是 1955 年 10 月 8 日。对钱学森和他的家人来说，这一天是他们这一生中最重要的日子。

1955 年 10 月 28 日，中国科学院副院长吴有训（右）和周培源（中）在北京火车站迎接钱学森

1955 年，祖国第一个五年计划的第三年，是个丰收年。全国农作物普遍丰收，五万万中国农民兴高采烈地走上了社会主义道路

20 世纪 50 年代中期，中国已经启动了 100 多个大型建设项目，开始了全面建设的步伐。为了解祖国的变化，钱学森专门到广州的新华书店买了《第一个五年计划》和《中华人民共和国宪法》的小册子。

钱学森与陈毅

钱学森与第一个五年计划

钱学森一家与父亲钱均夫

接着，钱学森和家人来到上海，看望年事已高的父亲钱均夫。

10 月 28 日，钱学森和家人抵达新中国的首都北京。中国科学院院长郭沫若举行盛大欢迎宴会，在京的著名科学家都来祝贺。党和国家领导人也亲切会见钱学森，欢迎这位爱国科学家。

钱学森与郭沫若

1953 年　哈尔滨军事工程学院成立典礼

钱学森回国后不久，就登上了赴东北考察的火车。

> 在 1955 年，我刚回到祖国的时候，就在那个时候，年终的时候，让我到东北去看一看，学习。
>
> 因为那个时候呢，东北是中国的最强的一个现代化工业的基地。那么我转了好几个地方，最后到哈尔滨。
>
> ——钱学森（1997）

这次考察是为了让钱学森实地了解新中国的一次有意安排。钱学森参观了当时全国最大的钢铁厂、煤矿、水电站、炼油厂、机床厂、汽车厂、电机厂、飞机厂。

当钱学森到达哈尔滨时，他突然提出，自己在美国时的学生庄逢甘和罗时钧都在哈尔滨军事工程学院工作，希望见见他们。这个简单的要求却惊动了中央军委。

> 当时我们那个单位是全国的绝密单位，因为整个全军的现代化装备的维修、研究、设计，培养这些人员的，唯有这么一个学校。
>
> 我们还不想让他看，因为那时候，除了我们以外，还有苏联专家，当然我们要给他看什么，不看什么，头一天我就合计了，因为他是搞空气动力学的，主要是航空方面，空气动力学方面。另外主要的是要看一看学院的规模，让他看一看。
>
> 看完了之后，他的感想他就这么说，他说万万想不到，你们用两年多的时间，搞这么大的一个建筑，而且开展了这么多的研究，实验。
>
> （当天）早晨的时候，陈赓坐着飞机过来了，从北京直接过来，事先也没告诉我们。
>
> ——刘居英

刘居英想，钱学森刚刚从美国回来，他难道真的只是想看望老朋友吗？他向中央军委做了汇报。让刘居英没有想到的是，上级立刻批准允许钱学森参观哈军工。

从礼堂到操场再到实验室，钱学森看得非常仔细，还不时停下来和工作人员交谈，中午他与庄逢甘、罗时钧等人一起吃了饭。这所学校的规模和水平让钱学森深感意外。

20 世纪 50 年代工业状况

刘居英　哈尔滨军事工程学院副院长
曾任海军政治部主任，铁道兵副司令员

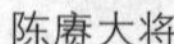
陈赓大将

哈尔滨军事工程学院

更让钱学森感到意外的是，这所著名的军工院校的院长、中国人民解放军副总参谋长陈赓大将也特意坐飞机从北京赶来与他见面。

陈赓大将亲自出马别有一番用意，当天晚上，他特意设宴招待钱学森。

> 忽然通知我，说今天晚上，你到哈尔滨军事工程学院，院长陈赓大将要会见你。我去了吃饭，吃完饭以后呢，陈赓大将就跟我谈谈，谈他就问我，中国人搞导弹行不行？我那个时候正憋着一肚子气呢，中国人怎么不行啊？所以，就回答很干脆，我说外国人能搞的难道中国人不能搞？中国人比他们矮一截？陈赓大将听了以后非常高兴，说好极了，就要你这句话！那么可见在他心里头，这件事情已经想了很久了。
>
> ——钱学森（1997）

在场的人当时并不知道，陈赓的这次出面也是奉了当时国防部长彭德怀之命，专程来了解钱学森对发展尖端武器的意见和态度。

1956 年春节联欢会

这是 1956 年的一次春节联欢晚会，当时中国最知名的科学家和文艺工作者代表欢聚一堂。

钱学森也第一次出现在了公众场合。

祖国的热情款待和美国的软禁境遇大相径庭，国家面貌也和他 1947 年回来时判若云泥，眼前的一切让钱学森感到耳目一新，但当时很少有人知道他当时在想些什么，他对自己的未来如何打算，还有新中国需要他做什么。

钱学森一家在 1956 年春节联欢会上

钱学森

钱学森

成立于1949年的中国科学院，是中国科学研究的最高机构。在得知钱学森即将回国之时，中科院决定成立力学研究所，由钱学森任所长。在新的国家新的岗位上开始工作的钱学森，心情无比的舒畅，他立刻给美国的好友郭永怀发出一封热情洋溢的信，邀请他早日回国：

> 我们现在为力学忙，已经把你的大名向科学院管理处挂了号，快来，快来！请兄多带几个人回来，这里的工作，不论在目标、内容和条件方面都是世界先进水平。这里才是真正科学工作者的乐园！

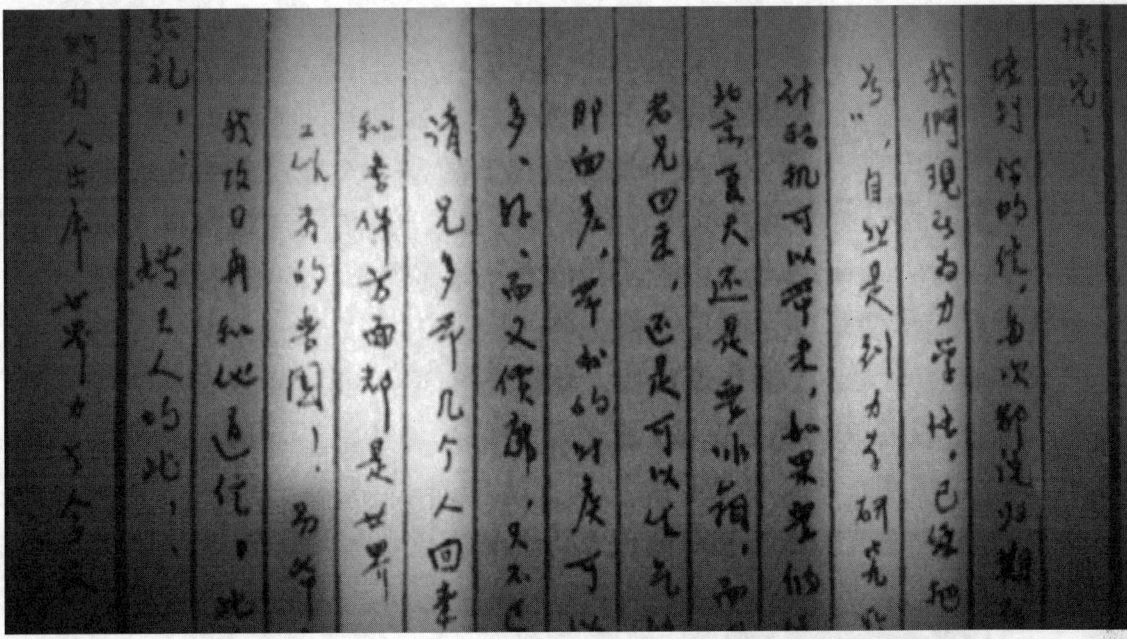

钱学森致郭永怀信

接到邀请信的郭永怀，抓紧完成了在美国的研究工作，第二年就动身回国。就在他刚刚踏上祖国土地的时候，前来迎接的人又交给他一封钱学森的书信：

> 我们一年来是生活在最愉快的生活中，每一天都被美好的前景所鼓舞，我们想您们也必定会有一样的经验。今天是足踏祖国土地的头一天，也就是快乐生活的头一天。（1956年9月11日，钱学森致郭永怀信）

郭永怀　著名力学家

回国后的郭永怀担任力学所副所长，很快就成为新中国高科技领域举足轻重的人物。

1956 年　钱学森的《工程控制论》获中国科学院科学奖金一等奖

钱学森与组员讨论问题

戴汝为
中国科学院院士
曾参与钱学森《工程控制论》的翻译

他有本书，是英文书，我觉得还应该改进改进，我那时候胆子也比较大，年纪比较轻，虽然是书上的，那是经典著作，我觉得某些方面应该如何，有一次我送中文稿给他看，我觉得这个东西是不是给改一下更简单，后来他用笔给我批了一份，大概他也是回去想一下，觉得你说的还是可以的。

——戴汝为

回到祖国后的钱学森喜事不断，他的《工程控制论》获得中国科学院科学奖金一等奖。

刚刚回国的钱学森还带来了崭新的学术风气，他开设各种讨论班，让所有人都可以不论资历、平等地探讨问题。

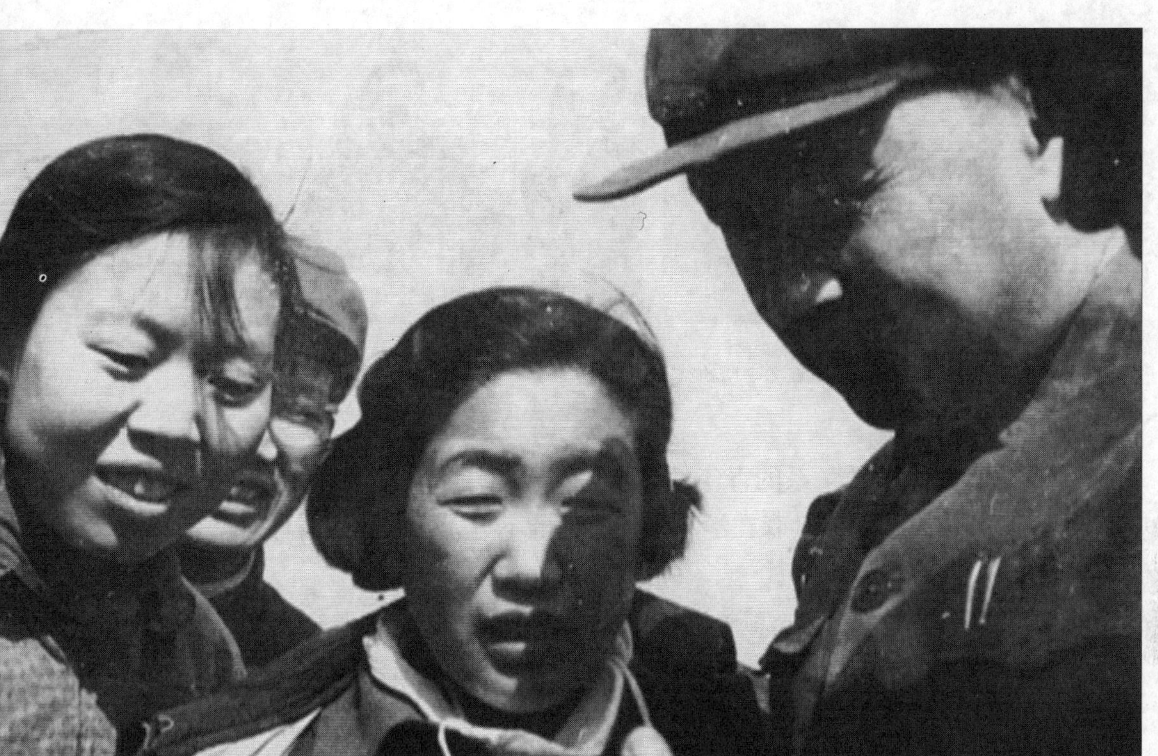

钱学森工作照

但与他接触的人很快就发现，钱学森在学术的一丝不苟和不讲情面，有时达到了让人难以接受的地步，戴汝为就曾遭受过这样难堪的局面。

> 问了他两个问题了，回答是听不懂，不知你说什么。当时一听，我已经把问题问了，他言下就是你这个问题没有问清楚，你这个能力就没有。我一听，我的印象就是很尴尬。
>
> ——戴汝为

张可文
1957~1958 年担任钱学森在力学所的第一任秘书

钱学森在工作

北京大学数学系的青年教师张可文，担任了钱学森在力学所的第一任秘书，对钱学森在学术批评方面的不近人情同样深有体会。

> 有一次北大一个副教授来，向他请教一些问题，他也不叫人家坐，就站在他的大桌子前面问问题，像个小学生似的问问题，他问了，问了以后，钱先生就很严肃，这个问题你还不懂。
>
> ——张可文

亲身经历了这一幕的张可文，决定鼓起勇气向这位备受敬畏的大科学家指出他的缺点。

> 走了以后，我就在琢磨一个问题，我说为什么钱先生那么多人怕他，跟他那种严肃的态度是有关的。当时我没给他讲，可是我觉得这是他的问题，我必须告诉他，要找一个时机。后来终于找到一个时机，我就笑着跟钱先生说，我说钱先生我可知道了，为什么那么多人怕你。他就觉得很奇怪，我就把这个事情一讲，我说钱先生，人家也是堂堂北京大学一个副教授，你看，你也不叫人家坐，然后你当着我的面，你就说，这个问题你还不懂，我说他多下不来台，我说人有脸，树有皮，我就这样给他讲，他一句话也不说，因为钱先生是，如果你给他提的意见，他认为是对的，他是不说话的。

钱永刚说，后来他爸爸在好多方面都是很注意的，特别在后来的那些单位里面，特别注意这个问题。

——张可文

有了这一次直言不讳的批评建议，钱学森和张可文成为了保持终生友谊的朋友。

在对待这种科学的问题上时，对就是对，不对就是不对，而且不认为不对的还说，你这个讲得还是挺有道理的，他是绝对不是的，而他对待国内的这一点上，他是觉得很不习惯的。

——戴汝为

那可以称得上是一个人们坦诚相待、心情舒畅的年代。经历过一百多年间的内忧外患，人们相信，几代人为之奋斗的民主和科学理想就在眼前，一切都是新的，人们憧憬着未来。

1956 年 1 月，中共中央知识分子工作会议在北京召开。周恩来在所作的关于知识分子问题的报告中指出，整个说来，我国的科学和技术的状况仍然是很落后的。不但世界科学的很多最新成就，我们还没有能够掌握和利用，而且就是目前我国建设中的许多复杂的技术问题，我们也还不能离开苏联专家而独立解决。为了实现向科学进军的计划，我们必须为发展科学研究准备一切必

1956 年 1 月
中共中央知识分子工作会议

1956 年 1 月　中共中央知识分子工作会议

要的条件。周恩来还宣布，国务院将着手制定 1956 至 1967 年科学发展的远景规划。在这次会议后，中央发出了“向科学进军”的号召。那时，钱学森作为世界著名的力学家，已经完成了中国力学研究的布局，开创了应用力学领域的新局面。如果没有后来发生的事情，钱学森可能一直执着于力学领域的研究，并有新的建树，但是 3 月的一次会议，让一切都发生了改变。

科学规划会议专家合影

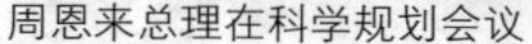
周恩来总理在科学规划会议

周总理会见钱学森

1956年3月14日，国务院在北京召开了科学规划会议。国务院总理周恩来，副总理陈毅、李富春、聂荣臻等组织钱学森、李四光、钱三强、华罗庚等600多位科学家，一起研究制定《1956—1967年科学技术发展远景规划纲要》。这个纲要后来被称为“十二年规划”。钱学森参与了整个规划的制订工作，并担任由12名科学家组成的综合组组长。这是从国外回来的钱学森第一次参加这么高规格的全国会议。

1956–1967年
科學技術發展遠景規劃綱要(修正草案)

第一節 序言
第二節 1956-1967年國家重要科學技術任務
第三節 任務的重點部分
第四節 基礎科學的發展方嚮

1956—1967 年科学技术发展远景规划纲要

张劲夫回忆说，那时的钱学森 40 多岁，身材不高，宽阔的脑门下，一双深邃睿智的眼睛。离开祖国 20 年之久，仍然说得一口标准的普通话，浓重的京腔京味，使不少人感到惊讶。

而更让人们惊讶的是，钱学森态度鲜明地反对优先安排发展飞机，而是提出优先发展火箭。在国务院科学规划会议之前，党中央、国务院和中央军委，已经确定优先发展飞机制造。但钱学森提出，与飞机相比，火箭武器的速度更快，在战争中无论是从攻击或防御的角度看，都具有无法替代的技术战术性能。最重要的是，他告诉人们，攻克火箭技术并不比飞机更难。因为火箭是无人驾驶的一次性武器，而飞机则有人驾驶，且要求多次使用，这在发动机、结构、材料和飞行安全等问题上都有许多特殊的要求。

钱学森还将火箭武器的中文译名定为“导弹”。

> 制导这个词英文叫"Guidance"很重要的，因为这个词比较重要，用得很多，所以我就问钱学森：我说：你看这个词应该怎么翻译。他说：这个词翻成制导，所以现在我们大家用的"Guidance"制导这个词是钱学森提出来的，过去导弹翻成飞弹，什么各种各样的，那时候导弹也是他自己说的。所以我们一直延用到现在。
>
> ——朱正

朱正
时任国防部五院导弹专业教员，
后任中国航天测控公司总工程师

钱学森告诉大家，由于苏美两国加速发展以导弹、核武器为代表的尖端武器，不仅彻底改变了现代战争方式，而且为两国发展航天技术打下了基础。中国优先发展导弹，不仅可以大大提升国防安全，而且能带动高科技的跨越发展。钱学森还给军队高级将领作报告，他深入浅出、形象生动的讲解，让将军们听得津津有味。

当时极力主张优先发展飞机的空军司令员刘亚楼上将曾这样说，钱学森对发展飞机的反对，对导弹的介绍，曾让他们大吃一惊。晚年的钱学森曾多次提到，毛主席也对导弹产生了浓厚兴趣。

> 毛主席很重视我，那个时候我一个礼拜总能去见他一次，见他一次，就跟我讨论，讨论几个小时。
>
> ——钱学森（2001）

刘亚楼（前排右二）

钱学森著《导弹概论》

毛主席会见钱学森

十二年规划最终确定了57项重大研究任务，其中第37项任务，即《喷气和火箭技术》的规划设计，是由钱学森与王弼、沈元、任新民等合作完成的。在57项重大研究任务中，有6项被确定为紧急重点任务，导弹和原子弹、电子计算机、半导体、无线电电子学、自动化技术等并列其中。由于钱学森的作用，尚未摆脱一穷二白面貌的中国，把以国防尖端武器为代表的科研领域锁定在世界最前沿，这一决策的历史性意义和深远影响，在以后的岁月里才愈发显现，也由此奠定了钱学森作为战略科学家的重要地位。

研究实验

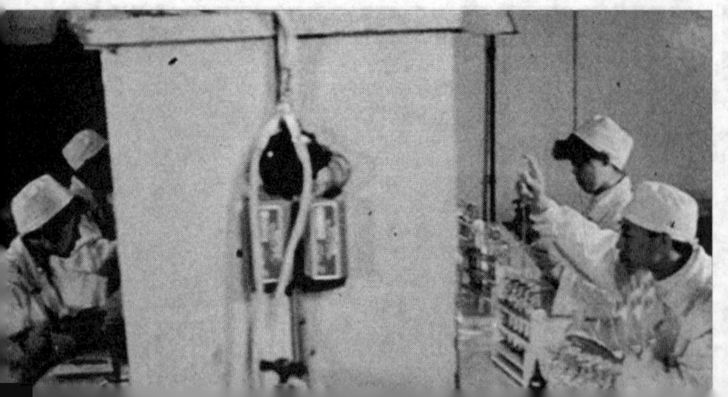

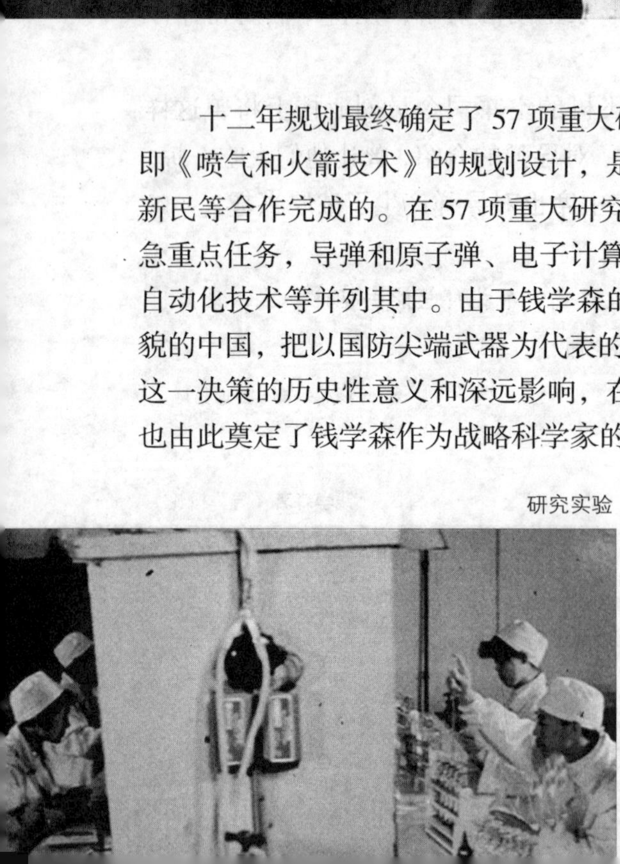

钱学森在工作

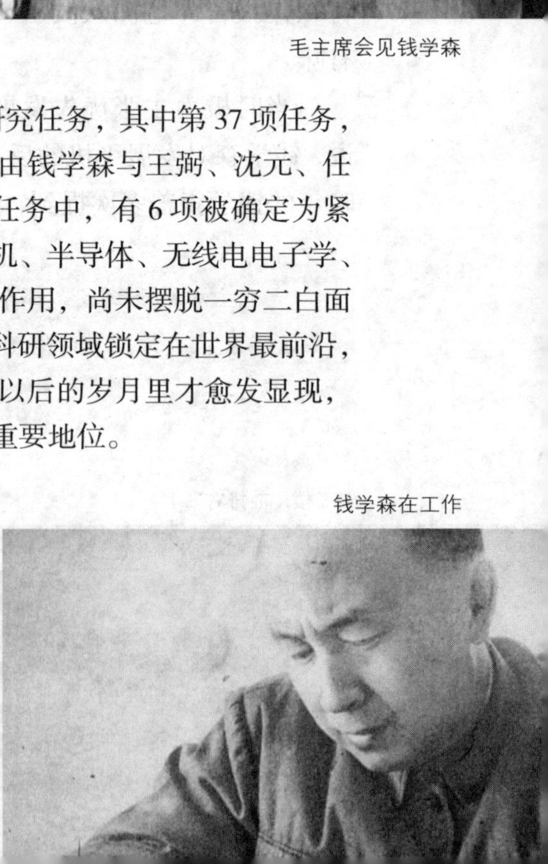

在制订十二年规划的过程中，中科院院长郭沫若以诗人的特有方式表达对钱学森的欣赏，挥毫泼墨以一首七律相赠：

大火无心云外流，望楼几见月当头；
太平洋上风涛险，西子湖中景色幽；
突破藩篱归故国，参加规划献宏猷；
从兹十二年间事，跨箭相期星际游。

郭沫若　时任中科院院长

钱学森工作照

钱学森在导弹方面的卓越才能和表现，打动的不仅仅是郭沫若，而且还有中央决策高层，经过制定十二年规划，让钱学森领衔导弹发展大计成为必然的选择。

钱学森与邓小平

钱学森按照周恩来总理的嘱托，起草了《建立我国国防航空工业意见书》，提出了优先发展导弹的设想。1956年5月，中央军委向党中央提交了《关于建立我国导弹研究工作的初步意见》，很快获得中央书记处的批准。邓小平表示："大家放手去干，成功了，功劳是你们的；失败了，责任由书记处承担。"

《关于建立我国导弹研究工作的初步意见》

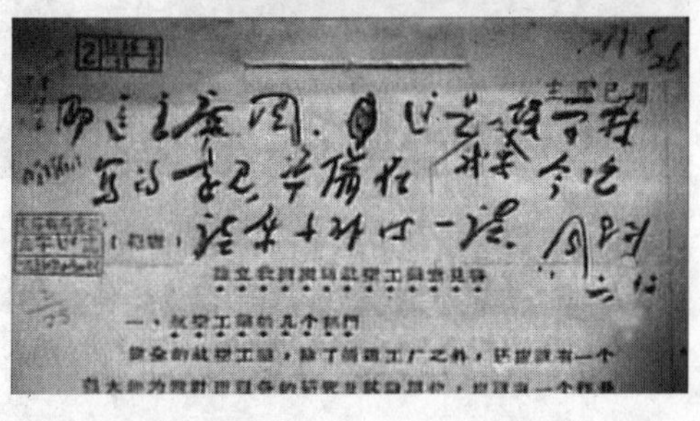

聂荣臻

1951年，新中国第一辆吉普车出厂；

1952年，新中国第一辆解放型蒸汽机车诞生；

1954年，新中国第一架飞机试飞成功；

1956年，中国第一艘W级潜艇下水。

新中国的新气象让钱学森深受鼓舞，但和他刚刚离开的那个国度相比，经济差距是显而易见的，而他就要在这样的基础上发展中国高科技武器装备。

为了加快导弹研究，中央决定成立国防部第五研究院，作为专门的导弹研究机构，由钱学森担任院长。在国力并不强大的那个年代，只有集中力量才能办成大事。成立五院就是为了便于集中国家人力物力财力，力保关键领域取得突破。

1956年10月8日，正是钱学森回归祖国一周年的日子。在北京西郊一所部队旧医院的简陋食堂里，国务院副总理、国家科委主任聂荣臻元帅代表国务院、中央军委宣布国防部第五研究院正式成立。我国著名的火箭系统控制专家，当时的国防部五院教员梁思礼亲身经历了五院初创时期的状况。

梁思礼
中国科学院院士
曾任国防部五院研究室主任，曾长期负责导弹控制系统的研制

> 当时那会儿，就仅仅是三个空房子。就在整个过程当中，我们五院发扬了艰苦奋斗的精神，当时那种情况底下，没地方住，住在帐篷，睡通铺，没有地方办公，就在南苑里头，南苑有机场，机场有铁棚子的飞机库，机库嘛，就在机库里办公。在夏天的时候，你想在铁棚子机库里头办公，那是非常热，闷热，所以结果大家全都奋不顾身，一边流着大汗，一边就是，当时也没有计算机没有什么，用计算尺跟手摇计算机来搞设计。
>
> ——梁思礼

第五研究院负责火箭的研制工作，面对这样一项高精尖的科研项目，第一需要的就是人才。钱学森于是向聂荣臻提出从其他科研单位调人充实五院的力量，而当时他最先想到的就是曾经参观过的哈尔滨军事工程学院。但在哈军工当时的副院长刘居英看来，钱学森是在挖自己的墙角。

> 那个时候全国接触导弹的单位，只有我们一个。他（钱学森）就提出来了，一提十几个，把我所有的精华都弄走了，马明德，罗时钧，庄逢甘，任新民，卢庆骏，朱正，提出很多，都给我调走。我说你来参观，你把我掏空了，你干起来了，我不完蛋了嘛。完了陈赓他们就研究，陈赓就给我打电话说，成立五院，是全国现在的计划，让他（钱学森）去到五院去带头，你军工非帮助不成。我说帮助他可以，不能把我搞垮了。
>
> ——刘居英

优秀科研人才在当时普遍紧缺，很多单位都珍惜人才。于是，五院在从外单位选调人才的同时，也开始自己着手培养人才。

聂荣臻

国防部五院旧址

钱学森亲自授课，办起了导弹专业培训班。

那时候学生都是各地来的，有100多个大学生，这100多个大学生里面，没有一个是学导弹的，因为当时没有导弹这个专业。

——朱正

钱学森在讲课

戚发轫
中国工程院院士
曾任中国空间技术研究院院长，
“神舟”飞船总设计师

我们这些人不管是来自哪个学校的，学工程的，学理论的，实际上我们来干嘛，我们是来搞导弹的，但是我们谁也没见过导弹，即使我们有些老同志早工作的，也没见过导弹，在我们院里头，惟一见过导弹，搞过导弹的，就是钱老，所以他给我们年轻人上了一个最开始的课，叫《导弹概论》。

那个时候，就是在这个食堂里给我们上课，条件很差，食堂就是长条板凳，坐在那上课。这个课应该说对我们来讲很新奇，也很有兴趣，所以大家都非常认真地听。但是他在会上就说，搞导弹不是靠一两个人，是靠一个群体，是要一大批人来做，所以现在我们要干这件事情，首先我们得组织队伍，你们都是很年轻，那么我给你们讲这个情况，是入门，这件事情应该说，钱老是我们这一代人的启蒙者，什么启蒙者，是航天技术的启蒙者，也是我们带头人。

——戚发轫

那么大的一个科学家，这么细致地给刚毕业的大学生讲课，这是很难得的。

——王永志

在人才匮乏的时刻，钱学森还得到来自党和国家的有力支持。周恩来很快指定聂荣臻召集中国科学院、教育部、清华大学、哈军工等33个部门负责人开会，要求他们立刻出人。

不久后，担任哈军工院长的陈赓率先割爱，从哈军工把钱学森点将的任新民、庄逢甘等科学家送了过来。任新民，在美国获工程力学博士学位，后于1949回到祖国，他是中国第一代液体火箭、通讯卫星、气象卫星的总设计师。庄逢甘，从美国学成归来，在哈尔滨军事工程学院专门从事风洞的研究，他参与筹建了亚洲最大风洞的研制工作。

任新民
两弹一星功勋科学家
中国科学院院士
国际宇航科学院院士
曾任七机部副部长，航空航天部总工程师

钱学森与周恩来

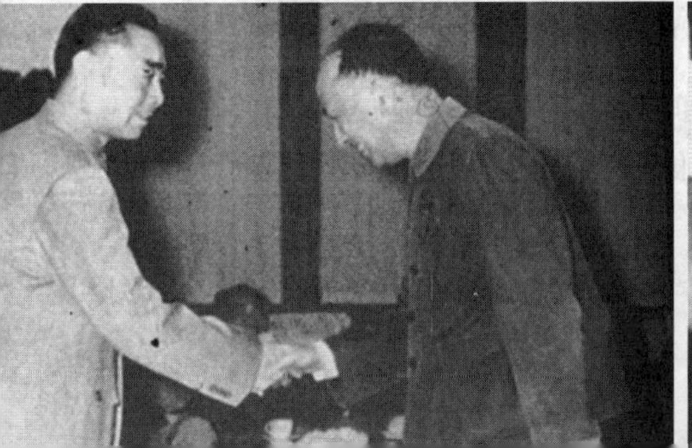

钱学森在工作

中国科学院力学研究所

谈庆明
力学所研究员　《钱学森手稿》编辑

五院成立后，钱学森仍然兼任着中科院力学所所长，在他的心血浇灌下，力学所从无到有，他所钟情的力学研究也按照他确定的研究方向全面展开，有了实质性的进展

> 主要的目标，是要去设计新的材料，以及探讨材料在极端条件底下，有些什么样的性能，这样一门科学，这门物理力学是他（钱学森）最舍不得放弃的，也是他（钱学森）最最重视的一门新兴学科。
>
> ——谈庆明

但是，钱学森到力学所工作的时间越来越少了，他必须把主要精力放在导弹工程的谋划中，他离他自己一心想从事的纯科学研究越来越远了。

何友声
中国工程院院士　上海交通大学原党委书记
1957 年曾在钱学森主持的中科院力学所研讨班学习

有一篇文章，是跟他的导师一道做的，这个公式发表之后，后来人家就称这个公式叫做“卡门—钱（近似）公式”，不仅称这个公式，而且在教课书里都广泛应用，所以就变成非常经典的东西了。像这一类的工作，他做了很多，影响很大。世界上为什么会知道，钱先生是非常有名的科学家？其中这是一个很重要的方面。

我就向钱先生提出来，我说钱先生，我心里有个疙瘩，你在国外，一直发表非常重要的文章，有影响的文章，你回到国内以后，为什么不发表了？他（钱学森）笑笑，他说我不认为这样。我一听感到很奇怪，他怎么说？他说你想，我现在，为你们办这个班，我是花力气的，帮你们筹备，将来我还要给你们教课，还要给你们讲课，我还要准备。这些时间，当然花了以后，我做自己研究工作，自己写文章的时间就缺少，或者是没了，看上去好像是一种牺牲，他说不对。他说你想，我教你们 120 个人，将来你们 120 个人起来了，都能做研究工作，都能发表很重要的文章，你们 120 篇，100 篇以上的文章，跟我一个人发表文章谁重谁轻？他说我认为是值得，值。

——何友声

郑哲敏
中国科学院院士　中国工程院院士
早年就读美国加州理工学院，师从钱学森，后任中科院力学所所长，中国力学学会理事长

钱学森

曾在加州理工学院师从钱学森的郑哲敏，在敬重老师成就的时候，多少也有一些惋惜。

> 他（钱学森）在不断地不断地，往更高的层次发展，他的一生，也是这样一个追求。那么我多少感觉他有点遗憾。他的兴趣实际上在科学，搞这个火箭，他是不得已的一件事，国家有这个需要，需要什么你做什么吧，所以对他来说，在这个意义上他是一种牺牲，很大的牺牲，个人的一种牺牲在里头了。
>
> ——郑哲敏

但对钱学森而言，作出这样的牺牲他从没有任何犹豫，祖国的需要就是他的选择。

> 他有一颗太赤诚的，对祖国的那种感情。因为他在国外受到了那种待遇，所以更怀念祖国，更希望自己的祖国能够强大。
>
> ——张可文

钱学森

第二次世界大战结束后，世界进入苏美两个超级大国对峙的冷战时期，白热化的核军备竞赛和太空竞赛让整个世界笼罩在不安之中。20世纪50年代，以毛泽东、周恩来为代表的老一辈无产阶级革命家果断做出决策，为了新中国的和平与安宁，尽管我们国力尚不强盛，仍应优先发展原子弹、导弹等尖端国防武器和人造卫星。仅仅在两三个月间，国家的需要与个人的才能，历史的机遇与个人的取舍，使钱学森人生的方向发生了巨大转折。钱学森不在意任何人对他的评价，也不看重给他的荣誉，但许多年以后，当钱学森听到有人说，“两弹一星”花费了太多人力财力，不值得时，他这个不爱生气的人，忍不住发火了。

当时我一听呢，我就气极了，我就马上就憋不住就发言，我说哪有这样的话，我说要没有两弹卫星，我说诸位啊，我们不可能在这里开会！我们没有这个条件！

——钱学森（1997）

邓小平视察正负原子对撞机

一切为了祖国的强大，一切为了和平的环境。中国优秀的科学家放弃自己心爱的研究领域，投身到国防尖端技术研发。许多人隐姓埋名，用汗水、心血甚至生命浇铸新中国国防与航天事业的坚固根基。

> 如果60年代，我们没有原子弹，没有发射卫星，中国现在有没有这样的地位？
>
> ——邓小平（参观电子对撞机时的讲话）

邓小平这样评价："这些东西反映一个民族的能力，也是一个民族、一个国家兴旺发达的标志。"

北京科学会堂

1964年1月2日 北京科学会堂正式开放

钱学森　　聂荣臻

1964年，北京科学会堂揭幕，500多位科学家欢聚一堂。新中国在极端困难的条件下，尊重知识分子，尊重科学规律，为立志报效祖国的科学家们提供了坚强后盾，开始探索一条中国特色的高科技发展道路。在钱学森的主持下，中国的导弹研制在艰难中取得了进展。

（撰稿人：邱红杰）

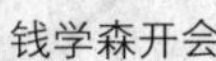

钱学森开会

【中央电视台六集传记电视纪录片 钱学森】

第四集 导弹

钱学森

我们都很敬佩你在困难时期还研究学问，当然科学不能只靠空想，还得靠实验。希望您能找到合作者进行实际测试。

——钱学森

（摘自 1984 年 3 月 10 日钱学森致金谷城信）

技术上由钱学森挂帅的导弹工程开始全面展开，从理论研究者到实战指挥者，他必须走出一条中国自己尖端国防武器发展之路。

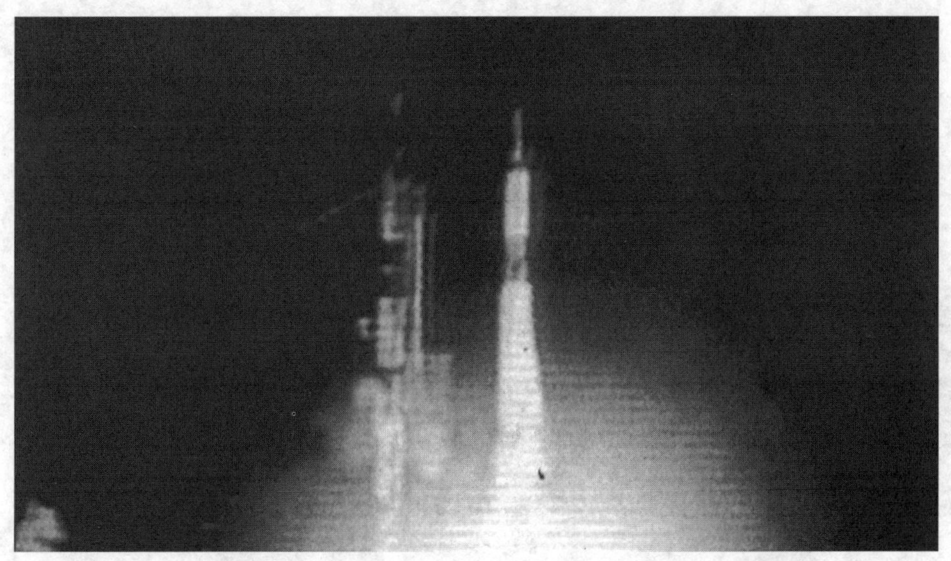

1957 年 10 月 4 日　苏联第一颗人造卫星

1957 年 10 月 4 日，人类第一颗人造卫星在苏联发射成功，不到一个月，苏联又发射了第二颗人造卫星。

此时，毛泽东率领的中国代表团和其他社会主义国家的领袖正在莫斯科参加十月革命胜利 40 周年庆祝活动，苏联在人造卫星的竞争中领先于美国，让社会主义阵营备受鼓舞。沉浸在胜利喜悦中的苏联人甚至答应，帮助中国发展国防尖端武器。

苏联庆祝十月革命胜利 40 周年

毛泽东在莫斯科

钱学森著《工程控制论》（俄文版）

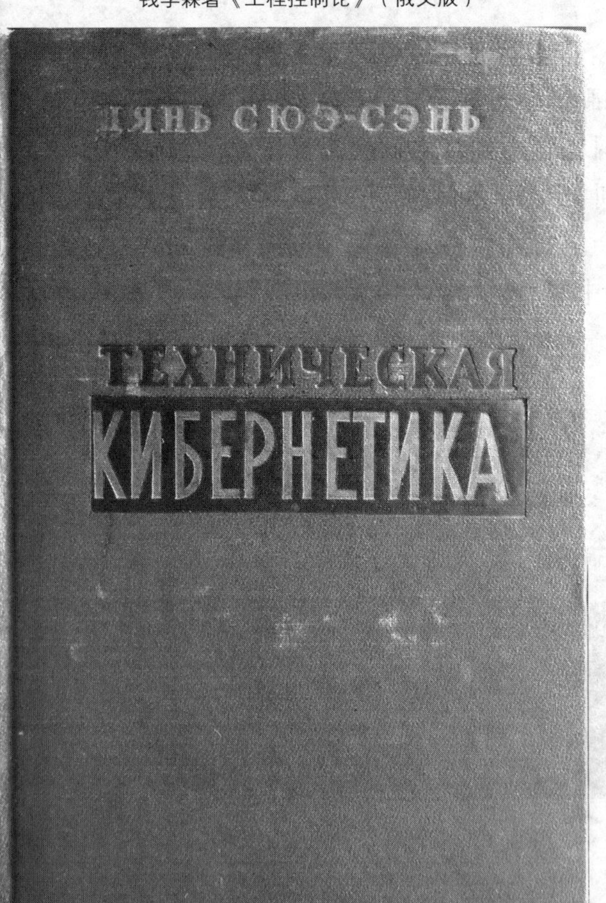

当时的苏联在尖端武器方面走在了世界前列，如果能得到苏联的技术援助，新中国国防事业可以事半功倍。而就在这个时候，钱学森的《工程控制论》俄文版在苏联出版，受到苏联科技界的追捧。

1956 年 6 月，当时的苏联科学院力邀钱学森到苏联访问。这是一次从未公开的出访。从美国回到中国的钱学森引起了苏联科学界的高度重视。后来师从钱学森的宋健，当时正在莫斯科学习。

苏联莫斯科

苏联科学院

苏联人告诉我的，我当时做研究生。他说钱学森在苏联一些科学家的眼里，简直是他们都不知道应该怎么估计他，威信特别高，陪钱学森去见苏联科学家们，谈话的时候，还来了一些将军，都不理，钱学森一进门都站起来，向他致意。他们也不认识他，钱学森的影响是非常大。所以整个苏联科学界对钱学森崇拜得不得了。

——宋健

宋健
中国科学院院士　中国工程院院士
曾任国务委员，国家科委主任，全国政协副主席，中国工程院院长

时隔一年多的 1957 年 9 月 7 日，钱学森再一次去了苏联，这一次钱学森的身份是中国政府工业代表团成员。这个代表团以国务院副总理聂荣臻为团长，专程赴苏联商谈国防尖端技术的合作。

经过了一个多月的谈判，中国和苏联签订了著名的《国防新技术协定》，苏联同意在原子弹、军用飞机、坦克、舰艇等方面提供帮助。苏联方面答应提供原子弹教学模型和导弹样品及技术资料，派遣专家，帮助中国核弹、导弹研制基地的工程设计。当时，处于冷战时期的苏、美两国在高科技领域展开了激烈的竞争。随着人造卫星的率先发射，苏联在两个超级大国的高科技军备竞赛中暂时取得了优势。

在莫斯科的毛泽东对中国留学生发表了一段著名的讲话，宋健至今记忆犹新。

> 那次会上讲的，你们是早上七八点钟的太阳，这世界是我们的，但是归根结底是你们的。
>
> ——宋健

毛泽东在这次会议上还说道：“我认为现在国际形势到了一个新的转折点。中国有句成语：‘不是东风压倒西风，就是西风压倒东风。’我认为目前形势的特点是东风压倒西风。”因此，中国有关部门就把刚刚起步的导弹研制计划命名为“东风”。

钱学森在莫斯科

聂荣臻

1958年五一节过后不久，中共八大二次会议在北京召开。这次会议上一个重要议程是研究发展尖端国防武器，许多被热情鼓舞的领导人一致要求，加快研制原子弹、导弹和人造卫星，这就是后来人们说的“两弹一星”。毛泽东说：“搞一点原子弹、氢弹，我看有十年时间完全可能。”在苏联政府的帮助下，中国核弹与导弹的研制工作全面展开。“两弹一星”科研工作的主要负责人是聂荣臻元帅。

中共八大二次会议

罗布泊艰苦创业 1

经过周密的选址，中央确定在新疆的罗布泊建设原子弹试验基地，在内蒙古额济纳旗建立导弹发射基地，超过十万人的军队在中国西部荒漠戈壁上开始了一项艰苦建设工程。当时，六亿人口的中国已经提前完成了第一个五年计划，国家工业体系初具雏形，在某种程度上为核弹和导弹研制提供了物质保障，但是薄弱的工业和科技体系仍让初创时期的国防尖端科研事业面临极大困难。

1957 年 9 月，在赴莫斯科的飞机上，聂荣臻问钱学森，中央叫我们七年之内搞出自己的导弹，你觉得还有什么困难？钱学森乐观地说，我有个预感，也许不用五年。因为我们的制度能使科研力量高度集中，意志高度统一，这比美国更适合搞火箭工程。钱学森说，祖国给他提供了一个空前广阔的舞台，他的全部所学都有了用武之地。

罗布泊艰苦创业 2

1960 年 2 月 19 日
我国第一枚探空火箭试验发射

王希季
两弹一星功勋科学家 中国科学院院士 国际宇航科学院院士
历任上海机电设计院、七机部总工程师，中国空间技术研究院副院长；中国首枚探空火箭、返回式卫星系列总设计师

当时中国科学院下属的上海机电设计院，已经开始研制探空火箭，王希季到上海主持这项工作。

理论基础也不够，实际的工业基础，还有各种条件也没有。那么这些工作怎么做，每一步要做什么，先做什么，我们都向科学院报告，都要得到科学院，特别是力学所钱先生那边的批准。

——王希季

上海郊区的老港镇，1960 年初，新中国第一枚探空火箭在这里诞生了。

这个发射场就是有一个发射架，然后周围有 6 个绞车，来调整它的发射角度。

——王希季

钱家正
原上海机电设计院科技人员，后任上海航天局研究员，高级工程师，曾参与研究中国首枚探空火箭

后来钱学森来了，他在现场看了火箭发射的全过程，一开始发动机开始点火的时候，很奇怪，他很快就感觉到，他说这个火箭能飞上去，但是飞得不会太高。

——钱家正

毛泽东到上海听到探空火箭发射成功的消息后兴奋地说："了不起呀！八公里，二十公里，二百公里地搞下去！"后来上海机电设计院又成功发射了几枚探空火箭，钱学森也多次到现场观看指导。在如此简陋的条件下，探空火箭的升空在增强了中国人民战胜困难信心的同时，也凸显了中国工业基础的薄弱、科研水平落后的实际情况。而这枚仅飞行了八公里的探空火箭，为中国火箭和导弹的研制积累了宝贵的经验。

钱学森观看导弹试验

毛主席参观导弹

1957 年底，根据中苏签定的协议，苏联运来了导弹样品，钱学森对这个型号非常熟悉，这是苏联在德国 V–2 型导弹的基础上仿制的。作为射程仅为几百公里的这枚导弹，在当时已经相当落后，但对中国导弹事业而言，也必须通过比葫芦画瓢才能更快地迈出第一步。中国的第一枚导弹就从仿制开始了，这枚导弹后来被命名为“东风一号”。

在苏联专家的帮助下，导弹仿制工作随即全面展开，然而这样的友好合作并没有持续太长时间，就在“东风一号”仿制进入关键阶段的时候，一个不期而至的巨大困难突然降临了。

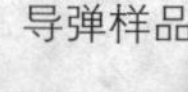

导弹样品

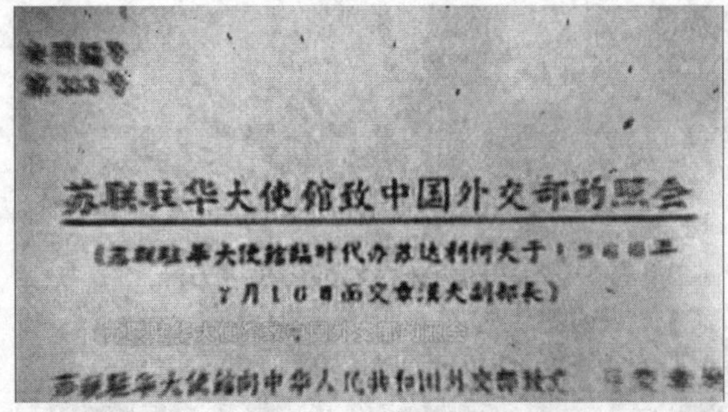

苏联驻华大使馆致中国外交部的照会

苏联驻华大使馆致中国外交部的照会

中国尖端武器的研究，曾得到苏联的不少援助。1960 年 7 月，苏联政府照会中国政府，要把苏联专家和顾问从中国召回。

在随后不到一个月的时间内，苏联撤走了全部在中国的 1 390 名苏联专家。许多苏联援建的项目一时陷入停顿，尤其是刚刚起步的原子弹和导弹研制。中国必须靠自己的力量，而且尽可能快地研制出国防尖端武器。1959 年 6 月，苏共中央突然致信中共中央，通知暂缓向中国提供原子弹样品和技术资料。正在北戴河开会的毛泽东说，要下决心搞尖端技术，赫鲁晓夫不给我们尖端技术，极好，如果给了，这个账是很难还的。外交部长陈毅元帅豪迈地说，我们就是当了裤子，也要把原子弹，导弹搞出来。

中苏部分专家

梁守槃
两弹一星功勋科学家
中国科学院院士　国际宇航科学院院士
曾任教哈军工，后历任五院设计部主任、分院副院长，七机部总工程师，航天工业部科技委副主任，航天工业总公司高级技术顾问，海防导弹系列总设计师

当时主管国防科研工作的聂荣臻元帅把钱学森、屠守锷、梁守槃、任新民等五院的导弹专家们请到自己家里。

聂总请大家吃饭，主要的一件事情就说，苏联专家走了以后，大家怎么办，有没有信心，就谈这个问题，整个可以说是打气，就是让大家打起精神来搞。

——梁守槃

说苏联专家撤走也好，我们用我们自己的专家。他帮了我们，现在不帮了，就靠我们自己的专家，来把这个任务完成，我们一定要把这个仿制的导弹仿制成功，我们就需要这个导弹。

——黄纬禄

导弹专家合影
（前排左二为聂荣臻，左三为钱学森）

国务院副总理、军委副主席、国防科学技术委员会主任聂荣臻元帅亲临发射场为国产导弹剪彩

> 毛主席说，赫鲁晓夫说撤走专家，对我们来讲应该是一件很好的事情，我们应该给他一吨重的奖章，因为他催着我们一定要自力更生。
>
> ——梁守槃

聂荣臻元帅还特意传达了一段毛主席的讲话。

聂荣臻对钱学森等人说，党和国家相信我们自己的科学家，相信你们会成功。

1960 年 11 月 4 日，我国第一枚导弹，也就是“东风一号”导弹已经安装到了发射架上，聂荣臻、钱学森等人也来到了发射现场。

---

11 月 5 日，导弹在飞行了 7 分 37 秒后，准确命击中 550.47 公里 407 米外的目标。这个距离已经超过了中国模仿的那枚苏联导弹。聂荣臻向守在电话机边的周总理报告：“试验成功！”这一天距离苏联撤走专家 82 天，离我国正式启动导弹计划不到四年，离钱学森回国刚满五年。

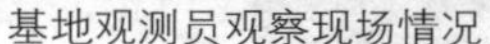

基地观测员观察现场情况

东风一号发射

梁思礼
中国科学院院士
曾任国防部五院研究室主任，曾长期负责导弹控制系统的研制

仿制成功以后，聂老总就提出来，仿制是手段，是爬楼梯，我们需要自行设计。

用现在的话说，我们需要搞有自主知识产权的型号，就提出来我们要设计东风二号。

——梁思礼

聂帅要求五院，要搞射程为1 200公里、2 000公里、4 000公里的地对地导弹，要搞洲际导弹，还要研制自己的地对空导弹。

聂荣臻讲话

1962 年 3 月 21 日　东风二号第一次试验发射失败
21 秒时尾段着火，25 秒左右发动机停止工作，最大飞行高度为 3 456 米，69 秒后落地起火

20 世纪 60 年代初，中国正经历着一段物质最为匮乏的时期，但人们与饥饿抗争时，却有着异乎寻常的精神斗志。五院整夜亮着灯光，经历了“东风一号”成功的喜悦，大家憋着一股劲，要搞出属于中国自己的“争气弹”。

> 仿制是照着苏联原来的图纸、资料，搞的，当时我们那会儿也仅仅是有这样的知识，所以我们基本是照猫画虎，给放大了一下，就把射程提高了一倍，大概用了一年多，我们就把东风二号研制成功，然后就拿到酒泉（东风）靶场去打靶。
>
> “东二”一起飞以后，就像喝醉酒一样，摇摇晃晃的，而且头顶上冒着白烟，最后掉下来了，就掉在发射阵地前的几百米的地方，炸了一个大坑。大家非常沮丧。
>
> ——梁思礼

东风二号导弹

1962 年 3 月 21 日　东风二号第一次试验发射

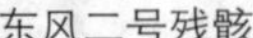

东风二号残骸

柳鸣　时任聂荣臻秘书

东风二号这次发射时，钱学森并不在现场。第二天，他紧急赶赴基地调查事故原因，作为五院的领导，钱学森感受到巨大压力。钱学森怀着沉痛的心情回到北京，向聂荣臻汇报。

> 开始钱主任说，聂老总，我们没干好，对不起啊，我们没干好。聂老总这时候站起来，走到钱学森的跟前，说不要紧，这次没搞好，下次会搞好，真金不怕火炼，不要怕失败。
>
> ——柳鸣

东风二号失败后，钱学森受到了来自方方面面的怀疑、非议和指责。

> 你单独搞这个东西，好像没有和工业部门结合在一起，也不对，有人就写文章，这就是分散主义，有人还说这是从研究到设计，从图纸到资料，纸上谈兵，这个话当时都有，还有说是你这个有出息的科学家，应该到生产的第一线上去。
>
> ——柳鸣

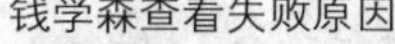
钱学森查看失败原因

清理残骸

关键时候，聂荣臻又站到钱学森的前面，替他挡住了种种指责，树立了钱学森的威信。

> 聂总给院里做工作，说钱学森是科学家，他不是工程师，不是说哪个具体的技术问题，他不是解决这个问题，你着重看他定的方向，趋势，看他这个，你不能拿着他当一般的工程师去使用。
>
> ——柳鸣

聂力
中将　聂荣臻之女
曾任国防部五院技术员、工程组长，
原国防科工委科技委副主任

钱学森

经历了东风二号首次发射的失败，聂荣臻反而给了钱学森更多的信任，更多的保护。聂荣臻竭尽全力为五院实现目标，解决困难，特别是为钱学森排除一切干扰。在聂荣臻眼里，钱学森是我们党和国家最值得信任的科学家。

> 当时聂老总跟他们讲过，像这种事情，都是他讲，他作主，他讲。就是专家作主，好几路批判他是专家路线。
>
> ——柳鸣

> 老总对科技专家是信任，使用，你要尊重科学家，你必须使用他，把他放在重要位置上。钱老和老总之间的感情，确实是，不光是他们个人，因为老总对科技界当初上世纪五十年代，我们缺少科技人员，都是宝贝啊。
>
> ——聂力

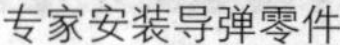
专家安装导弹零件

马国荣 原上海航天局研究员

在聂荣臻的关怀下，钱学森放下思想包袱，全身心地投入到东风二号研制中。为了寻找东风二号的失败原因，钱学森亲自深入到了一线。

我记得回来以后，为了找原因，为了下一步改进，钱老亲自到十二所一线，就说我们现在被困难重重包围住了，我们一定要杀出一条血路出来。

——梁思礼

我们那个时候在这个试验区，这个地方是非常艰苦的，当天晚上开了会汇报以后，钱主任主要去检查工作，那个地方是非常艰苦，艰苦到什么程度？白天的时候温度非常高，到四五十度的温度。吃的水，喝的水都是从一、两百公里外面拉来的，都是黄水，比现在黄浦江里面的水还要浑，就是靠这点水喝、洗，刷牙、漱口都在里面。

——马国荣

钱学森在工作

钱学森对我们很重要的一条指示，就是要从飞行测量的参数，是不是跟你地面计算的参数能够对比，是不是一致，有什么地方不一致，什么原因引起的失败。那么有他这个指示，我们底下就开始工作了。

——谢光选

谢光选
中国科学院院士　国际宇航科学院院士
曾任中国运载火箭技术研究院总体设计部主任、副院长，长征三号运载火箭总设计师

东风二号研制过程当中，工作也是相当紧张的。基地回来以后，几乎是每个星期天的九点钟，在他家里面，都把附近的这几个科学家叫来，一起研究，分析怎么样能够把下一发搞好。

——刁九勃

刁九勃　原钱学森警卫秘书

当时五院，就是老一辈的科技人员也好，甚至行政人员也好，当时大家有一个共同的口头禅，当你遇到了困难，技术上的最大的问题，在我们这个层次都解决不了的时候怎么办，找钱院长。

——涂元季

郑哲敏早年就读美国加州理工学院，师从钱学森，后任中科院力学所所长，中国力学学会理事长。

他反对就是纸上画画的东西，他这个很尖锐的反对，态度很明朗，他说你这个事情，科学上确实有些新东西，而且你的东西是有证明是对的还是不对的，不是玩儿玩儿数学就行了。

——郑哲敏

超声速风洞

钱学森不仅从技术上组织落实大型火箭发动机试车台、全弹振动试验塔、全弹试车台、超声速风洞等重大基础设施，还特别强调用“系统”的观念把五院的工作组织起来。

就是说我们这个队伍，要非常严密的组织起来。一个型号，开始研制，那是一开始就规定哪一个工程师管什么事，而且有层次的，有总设计师，然后还有分部门的设计师，还有一直到具体一个零件的，具体管这个事的工程师，责任非常之清楚。

总设计师报告，说是现在有个问题，什么问题啊我问他？说是导弹起飞的触点，这是零时信号了，很重要的一个信号，说这个信号我们测量了，触点不灵。我说这个不行啊。问他负责这个触点的工程师在不在？他说在。我说好，那你把她请来。

请来我一看是一个女同志，她是大学毕业以后啊，一到五院工作就负责这个触点工作，是触点的专家，那我跟她说，这个我找别人不行啊，只能你负责来解决，现在一看，已经是头一天的快到中午了。我说这样吧，给你十个小时，你去解决这个问题，你解决了向我报告。

到了夜里，还不到十二点，十点的时候，她就传话过来了，说是问题解决了。我说好，那你来给我讲一讲吧。她一来我看着，嘴都歪了，我说怎么搞的，他们说急的啊，拼命啊！

——钱学森（1997）

发动机点火

人们在钱学森荣获 1956 年中国科学院科学奖金一等奖的著作《工程控制论》第十八章中发现，钱学森在理论上已经证明，即使用不可靠的零部件也可以组成可靠的系统。在东风二号导弹研制过程中，钱学森的这个系统工程思想发挥出统领全局的作用。

当时刚 30 岁出头的孙家栋，已经担任五院一分院总体设计部室主任。他对钱学森指挥导弹研究的系统控制理论有着深刻的理解。

大家共同认识到这个型号研制过程中的规律，互相间的关系，假设这个型号研制五年，这五年过程中，哪个月到哪一年，你应当干什么事情，到什么时候，我应当干什么事情，到什么时候，我应当提供你什么东西，到什么时候，你应该提供我什么东西，这样的话，整个队伍步调一致，大家对整个的工程有一个共同的认识，力量可以往一个方向，一个步调，一个节点来做。

——孙家栋

孙家栋
两弹一星功勋科学家　中国科学院院士
国际宇航科学院院士
历任国防部五院设计部主任，中国空间技术研究院副院长、院长，七机部总工程师，航空航天部副部长

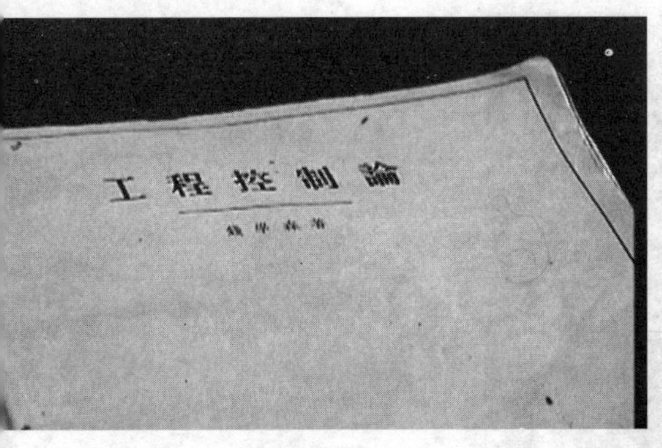

《工程控制论》

第十八章

误差的控制

在上一章里，我们已经介绍了自行镇定的原理，由于有一个简单的装置，每当系统处于不稳定的时候，这个装置就会改变系统的性能，使系统能够不受那些偶然的误差以及元件发生无法预料的失效现象的影响。因为一个自行镇定的系统能够自动地达到稳定状态，所以，设计这种控制系统的时候，实际上，那些不稳定的运动状态场和那些稳定的运动状态场同样地被引进系统中来了。换句话说，在设计一个自行镇定的系统的过程中，我们并不企图把稳定性和不稳定性区分开来，也不设法把错误的运动状态场与正确的运动状态场加以区分。在那里，我们只是从概率的观点处理运动状态的误差，并没有采用其他的处理方法。本章中，我们将从另外一种不同的观点讨论一个复杂系统的可靠性问题。我们将要故意

《工程控制论》第十八章

你上万个元器件，每个元器件有百分之一的机会要出毛病，你上万件，出毛病的机会就太多了，你怎么用不可靠的东西，做出一个可靠的东西出来，这种系统的思想，搞控制论，控制论发展到系统的时候，所以他搞系统学出来。

——郑哲敏

从在美国研究空气动力学，到写作《工程控制论》，再到指挥中国导弹研究，钱学森的理论思想与导弹研制相结合，形成了一套完整成熟的中国航天工业流程和整体架构。在高科技领域取得的这些成功经验，为系统科学在中国的创立和发展奠定了坚实的基础。

几十万个零件，几十个子系统，大家都能够配合得很好，这个我想没有系统工程是不行的，但实际上钱学森提出来，这个就是系统工程，是一种科学的办法，所以他说系统工程是一种技术，也是一种科学的方法，应该对于任何组织，大型的科学技术试验，大工程都可以普遍采用的一种科学技术方法和理论。

——宋健

安装发射装置

为了让先进的理论真正主导具体实践，在东风二号试验的时候，聂荣臻规定，如果在发射上基地司令员与钱学森意见不一致时，以钱学森为主。

那个时候常常是执行任务以前聂荣臻元帅就打个电话给我们，说钱学森，这次任务由你在技术上负责，你准备好了，跟基地商量好了，准备了发射时间，打个电话告诉我。有一次发射以前，向我报告了，这次这个发射不能进行了。我就爬到那个发射塔上去，去看去，一看就是那个箱体是瘪了几个地方，瘪了一点，不很严重。这个我就用我从前做过的工作，在从前我在国外做过这个工作，就是圆柱箱体的变形跟承荷负载的这个整个理论。我说这个没问题，你真正发射的时候，里头要冲压的，把这个推进器压下去，冲压时箱体就会鼓起来，没问题。那么其他的工程师也不敢讲这个话，因为他们没有像我这样做过这个工作。最后吵来吵去，我说可以，个别的人也有说可以的，最后大多数意见是不行。

一直吵到夜里十一点还在缠着这个问题。那么要发射呢，到在十二点以后就要开始动作了，所以要不要决定发射，这个时候要有一个报告，有一个签字决定能发射，不能发射。这个基地司令员啊，听了他们发射团的意见了，不签字，他不签字，到我，我说那好，我签字，我说可以发射。后来这个情况报告到聂荣臻元帅那儿去了，他拍板了，他说钱学森说的可以发射，由他定。因为技术上他负责。你司令员只要你执行当中，操作当中没有错误就行了。

——钱学森（1997）

最后试验成功了。所以钱老一辈子没忘这个，他（钱学森）说老总（聂荣臻）真伟大。

——聂力

也就在这时，重新设计研制的东风二号先后通过了17项大型地面试验，突破了一系列技术难关。

从“东风二号”开始，（钱学森）就是要求大家要所有的疑点都要在地面，实验室里解决。就是不带疑点上天。

——宋健

1964年6月，钱学森顶着烈日四处查看现场，听取测试报告，协调处理技术问题。突然，他接到报告说，由于天气炎热造成燃料添加不足，导弹将达不到原来射程。但这时，弹着点的测量网点都已安排就绪，如果射程不够，什么数据也测不到。这个新问题，让钱学森也颇伤脑筋。

钱学森与聂荣臻的合影

当时我和我们组的人也在考虑这个问题，就提出一个建议，怎么样确保它还能够进入弹着区，就提出一个建议。而给专家们讲了之后，专家们都没敢肯定，感到不行，原因在于什么，既然射程不够了，能量就是不够，应该增加推进剂，多加推进剂，怎么我提出来的，却是把推进剂中的燃烧剂，酒精再卸出600公斤就行了，反复地研究，大家都不同意这个意见。

——王永志

王永志　中国工程院院士
历任国防部五院一分院设计师，中国运载火箭技术研究院总体设计室主任、副院长、院长，中国首次载人航天工程总设计师

对于年轻的设计师王永志提出的这个意见，大家都觉得这个年轻人胆子也太大了，对他别出心裁的想法并不理会。年轻的王永志鼓足勇气，直接去找钱院长汇报。

所以我在基地招待所，就去找他去，去敲他门，壮着胆子去向他汇报，这个紧急的事情应该怎么处理。所以当时我就跟他汇报情况，他仔细地听，边听边问。

——王永志

钱学森一边认真听着，一边不停地提出问题，并在脑子里计算着，等王永志的话说完，他立即叫来了总师林津说："王永志的意见正确，按他的办法实施。"

这个事对我的教育挺深的，一个是钱老那么大的一个大科学家，又是高层的领导，能听取一个年轻人的意见，而且给予肯定，我觉得对我是很大的鼓舞。

——王永志

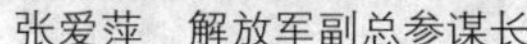

张爱萍　解放军副总参谋长

东风二号第二次发射准备

东风二号发射前，解放军副总参谋长张爱萍也来到了发射现场。

东风二号导弹准确击中了 1 000 公里之外的目标。张爱萍激动地和钱学森握手拥抱，高呼“科学万岁”“科学家万岁”。现场的科技人员和解放军指战员热泪盈眶。

科学万岁，科学家万岁（钱学森与张爱萍）

这是中国火箭发展史上一个重要的转折点。接着，中国又先后多次试射了这个型号的导弹，均获成功。中国人完全掌握了导弹从提出任务、总体设计、工程研制，直到飞行试验的主要程序和方法，中国导弹事业从仿制走向了独立研制。在东风二号研制过程中，我国原子弹研制工作也有了突破性进展。1962 年，为了加强对原子弹和导弹研制的领导，中央组建了由周恩来总理担任主任的15人专门委员会。委员由7位副总理和7位部长担任。1962年11月3日，毛主席在成立中央专委的文件上批示：“很好，照办。要大力协同，做好这件工作。”1963年3月，科学家们完成了原子弹的理论设计方案。毛泽东、周恩来做出重要指示尽早试验中国第一颗原子弹。1964年6月，中国爆炸试验了一颗没有核材料的准原子弹，取得了理想的效果。

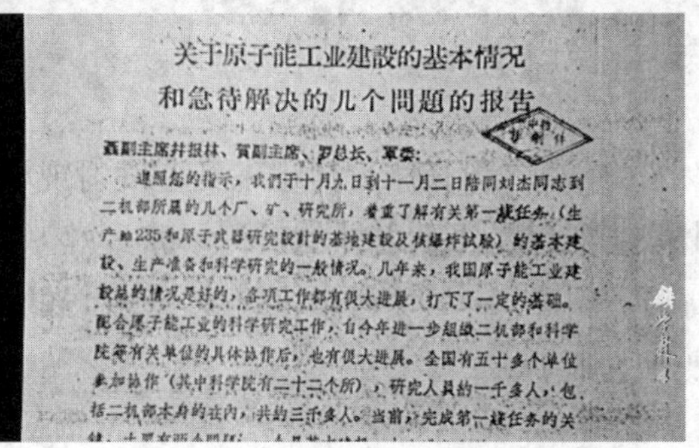

关于原子能工业建設的基本情况
和急待解决的几个問題的报告

聂副主席并报林、賀副主席、罗总长、軍委：

遵照您的指示，我們于十月九日到十一月二日陪同刘杰同志到二机部所属的几个厂、矿、研究所，着重了解有关第一綫任务（生产铀235和原子武器研究設計的基地建設及核爆炸試驗）的基本建設、生产准备和科学研究的一般情况。几年来，我国原子能工业建設总的情况是好的，各项工作都有很大进展，打下了一定的基础。配合原子能工业的科学研究工作，自今年进一步組織二机部和科学院等有关单位的具体协作后，也有很大进展。全国有五十多个单位参加协作（其中科学院有二十二个所），研究人員約一千多人，包括二机部本身的在内，共約三千多人。当前，完成第一綫任务的关

关于原子能工业建设的基本情况和急待解决的问题报告

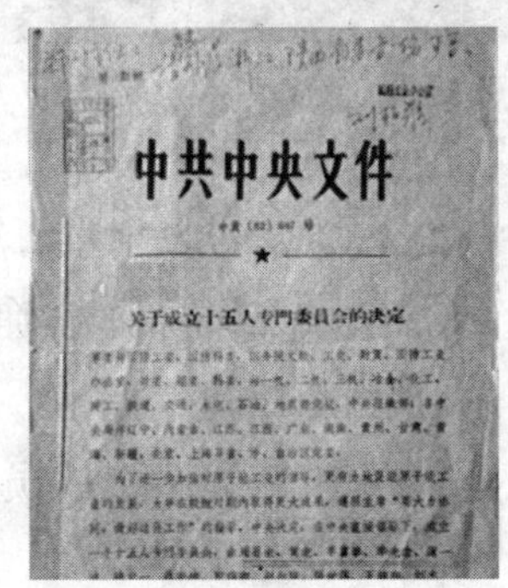

中共中央文件

关于成立十五人专門委員会的决定

十五人专门委员会

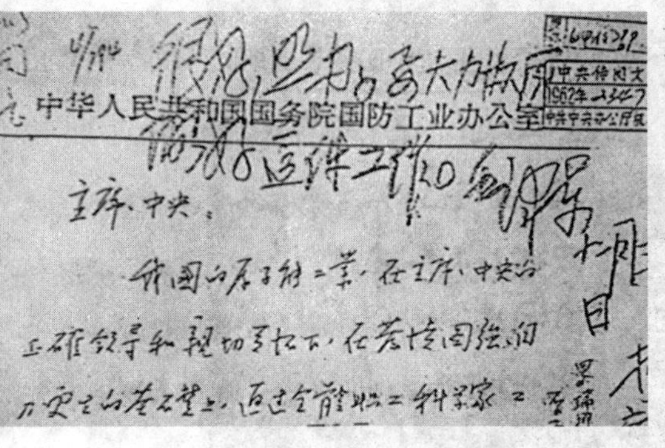

中华人民共和国国务院国防工业办公室

很好，照办。要大力协同，做好这件工作。

主席、中央：

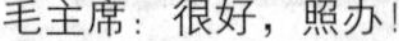

毛主席：很好，照办！

没有核弹的准原子弹

对东风二号的发射成功，钱学森表现得并不太兴奋。

进入20世纪60年代，苏联、美国都已经成功试验了射程超过一万公里的洲际导弹。在钱学森的主持下，我国自行研制的东风二号导弹试验成功。但钱学森心里非常清楚，我们与世界先进水平的差距，对钱学森来说，他前面的路还无比漫长。

（撰稿人：邱红杰）

第五集 “两弹一星”

钱学森

宇宙航行——太阳系外的飞行，总称航天；用“航天技术”不用“宇宙空间技术”，不要夸大。

——钱学森

（摘自 1967 年 9 月 12 日钱学森致褚桂柏信）

这是 1967 年，钱学森在一封来信上作的修改。他将宇宙空间技术正式定名为“航天”。

在钱学森的主持下，导弹的研究进入了关键时期，但是一场突然袭来的政治风暴不期而至。

专家们认真工作

1964 年　第三届全国人民代表大会第一次会议

在钱学森的主持下，继东风二号导弹研制成功以后，国产“红旗”型号地空导弹，“海鹰”型号岸舰导弹都陆续生产，装备军队。

在 1964 年，中国导弹研制已突破了最为艰难的瓶颈，技术水平迈上了新台阶。从整个国家来看，一段最困难的时期已经过去。

1964 年的 12 月 21 日，钱学森作为代表出席了第三届全国人民代表大会第一次会议。周恩来在政府工作报告中提出，要建设成为一个具有现代农业、现代工业、现代国防、现代科学技术的社会主义国家，赶上和超过世界先进水平。

会议期间正值毛泽东 71 岁生日，他专门邀请了一批客人，其中包括钱学森。大厅里，有刘少奇、周恩来、朱德、邓小平等领导同志，还有大庆油田的“铁人”王进喜，大寨的劳动模范陈永贵。不过，让钱学森没有想到的是，他被特意安排坐在毛主席的身边。毛泽东破例喝了一杯茅台酒，看着钱学森，对大家说：“想上天，请找钱学森。”

当时所有的国防尖端武器研制是由总理周恩来主抓。从这张照片看，毛泽东意气风发，而这时的钱学森被任命为七机部副部长，主持了国防尖端技术的科研工作。

专家合影（前排左二为钱学森，左三为聂荣臻）

毛泽东会见钱学森

> 我们那个时候，周恩来总理管这项工作起了一个名字，叫“国防尖端技术”。我还想了你要用英文名字，高技术叫‘high tech’，尖端技术，可以叫做‘hyper technology’。
>
> ——钱学森（1997）

也就在这一年，钱学森组织了三千多名专家、技术人员和设计、生产、使用部门的工人，对中国未来导弹发展规划展开讨论。最后，集中了大家智慧的《1965—1972 年我国火箭技术发展途径的意见》正式出台，这就是著名的“八年四弹”计划。

按照这一计划，中国将在 1965 年到 1972 年的八年期间，研制出中近程导弹、中程导弹、中远程导弹和洲际导弹。

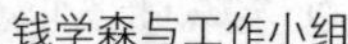

钱学森与工作小组

发射架

八年四弹呢，是在什么时机底下，他（钱学森）提出来的，第一个，中国的生产导弹已经解决了，那是1960年10月5号，苏联专家撤走了，我们中国的专家上阵，中国自己设计的导弹，东二导弹呢，因为，反正失败成功都有了，到了我们中国解决自行设计的这个时候了，他（钱学森）跟聂荣臻两个商量，提出来了，发展技术途径，不是说各行各东西你都得发展，各种都在用，没有那么回事，国家没有那么多钱，也没那么多人。那就说用技术发展途径，钱学森布置下来，钱学森跟聂荣臻两个提出来八年四弹。

——谢光选

如果这个计划能够顺利完成，钱学森就在某种程度上实现了自己带着屈辱离开美国时的诺言，帮助他的祖国扬眉吐气。54岁的钱学森，此时兴奋之情溢于言表。

1964年10月16日，中国第一颗原子弹爆炸成功，但那颗原子弹是被固定在一座铁架上爆炸的。

相关报纸

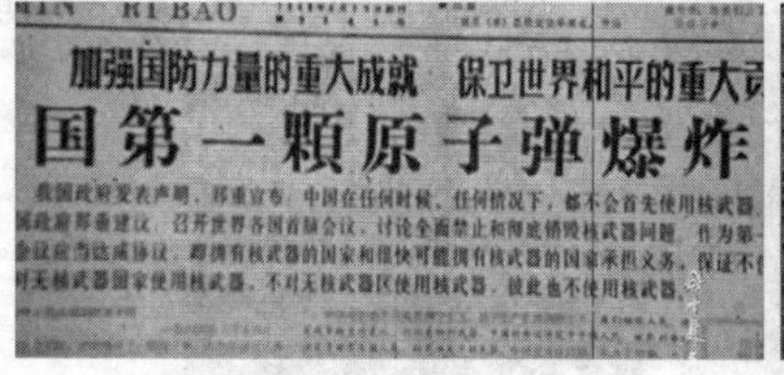
加强国防力量的重大成就　保卫世界和平的重大贡

国第一颗原子弹爆炸

我国政府发表声明，郑重宣布，中国在任何时候、任何情况下，都不会首先使用核武器
国政府郑重建议，召开世界各国首脑会议，讨论全面禁止和彻底销毁核武器问题，作为第一
会议应当达成协议，即拥有核武器的国家和很快可能拥有核武器的国家承担义务，保证不
对无核武器国家使用核武器，不对无核武器区使用核武器，彼此也不使用核武器。

我第一颗原子弹爆炸成功

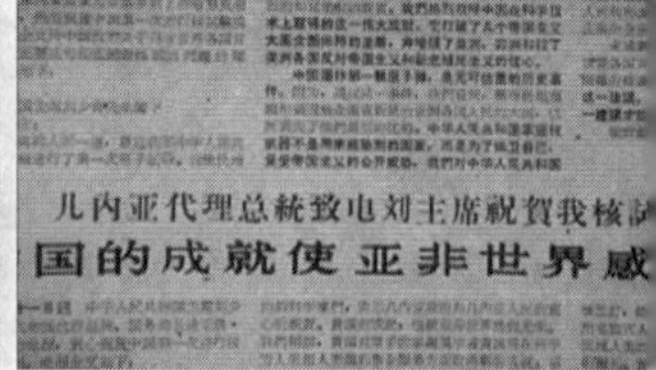
几内亚代理总统致电刘主席祝贺我核试

国的成就使亚非世界感

1964 年 10 月 16 日罗布泊　第一颗原子弹爆炸成功

这一响了嘛，这也捂不住啊，你想保密也保不了，那么一个大动静的东西，那因此世界各国都知道了，在各国的报纸，包括《泰晤士报》，还有英国的什么《伦敦报》，纽约的一些报纸，还有些杂志，比如像《LIFE》这些杂志，上面都说了，中国有弹没有枪，你有弹哪，但是没有枪，打不出来。

——谢光选

20 世纪进入 60 年代，苏联、美国都已经成功发射了射程达一万公里以上的洲际导弹。这意味着携带核弹头的导弹可以打到世界上任何一个地方。为了打破核垄断、核讹诈和核威胁，中国也决心要掌握导弹核武器。因为没有运载工具的核弹，就相当于没有枪的子弹，没有中远程的导弹作为载体，核弹只是一只没有胳膊的拳头。在 1963 年 12 月，中央就确定我国核武器发展方向以核导弹为主。1964 年 7 月，继东风二号后，中国又连续发射了三枚自行设计制造的中程导弹，全部获得成功。钱学森为此向聂荣臻元帅提出，以自行设计的中程导弹为基础，研制能运载核弹头的改进型运载火箭，使导弹的射程、精度、使用性能等指标，符合导弹核武器的实战要求。

这项任务被称为“两弹结合”。

七机部旧址

> 中央早知道此事，就布置了导弹武器，原子弹叫核武器，和导弹两个要结合。聂荣臻就讲，钱学森是将来是第一个人，负责技术上的事。
>
> ——谢光选

1965 年 6 月，钱学森带领专家和技术人员，投入到东风二号导弹与原子弹的配套问题上。当时七机部负责导弹研制，原子弹的研制部门是二机部。

核导弹不同于一般的常规导弹，它的实弹测试必须万无一失，稍有不慎，弹头可能会在发射现场爆炸，或者中途掉下来，或者打偏，造成无法估量的损失。过去，美国都在海外基地做这个试验，苏联也是利用荒无人烟的西伯利亚，而中国因条件所限，只能将导弹打到自己的国土上，而且弹道还不得不穿越有人居住的区域上空。东风二号导弹第一次试验失败的场景对于每一个参与其中的人来说，都记忆犹新。

周恩来要求七机部保证导弹发射出去不会中途掉下来，要二机部保证，万一导弹掉下来，也不能发生核爆炸。

周恩来视察东风试验基地

钱学森在发射前夕

> 那个时候呢，他（周恩来）就提出来，做这项工作的十六个字的方针，哪十六个字呢，严肃认真，周到细致，一丝不苟，有错必纠。
>
> ——钱学森（1997）

钱学森面临的压力是空前的。

1966年，正当“两弹结合”事业进入到关键时期，一场政治风暴不期而至，也让中国导弹事业受到了干扰。这一年的十月，导弹和核弹运抵了实验基地，钱学森也陪同聂荣臻来到了发射现场。当时，钱学森的身影在北京和东风试验基地之间往来穿梭，亲自监督试验改良后的东风二号甲型火箭。每次钱学森出发前，聂荣臻都紧紧握着他的手一再叮嘱，专心搞试验，不要受干扰，脑子不能开小差，心不二用。聂帅的信任给了钱学森极大的鼓舞和信心。

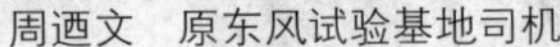

周迺文　原东风试验基地司机

导弹尾部

他那个时候穿军装，他来这儿以后，我始终保持一个军人的姿态，啥时候再热都是，风纪扣扣得好好的。他回到国内才穿的军装嘛，他原来可能在美国那边，是便衣，回来穿着军装，就看着好像是很早就受过军事训练一样。

——周迺文

一般的来说，他到现场以后，现场指挥员向他报告现在做什么，那么有的，就是属于基地的测试人员，谈一谈测试当中有些什么问题，再有就是七机部的生产人员，也是科研人员吧，就是搞导弹的向他介绍一下。前一段测试当中出现什么问题了，这个问题怎么解决的。

——刁九勃

钱学森自从头一天开始，一直到最后，从来对我没有谈过一句他的工作，我从来不知道他是在做什么事，我知道他不在北京，他经常出去，我从来不知道他到哪里去，我只知道他在中国。

——蒋英

把自己的工作做好，再辛苦你也应该去做，不要去抱怨因为你管这摊事嘛，他从来也不说，最近我真太累了，这事情这么多，从来不说。

——刁九勃

导弹实验的日子终于来到了。1966年10月，原子弹与火箭对接。

安装导弹

莫佩德　时任导弹加注分队长

导弹的弹头呢就在这个位置上，用吊车吊着对接弹头。

——莫佩德

核弹不同于一般的武器，在弹头与弹身结合时，如稍有不慎发生核泄露，会造成无法估量的伤害和损失。钱学森陪同聂荣臻来到了发射现场，鼓舞士气。

聂帅和钱老就在这个位置上，坐在这个地方看我们操作。

所以当时我们一看首长来了，大家都心情很不平静，看到那么大的首长来看我们操作，因为当时对原子弹这个威力模模糊糊，大家心里有时候有数，有时候没数，因为没接触过嘛。但通过那么大的领导，聂帅，大元帅嘛，钱老，那么大的科学家，到我们跟前来，大家都憋足了劲哪，那么大领导都不怕，对不对，我们还有什么。

——莫佩德

危险的燃料加注工作即将开始了，核弹头高悬在导弹顶部，整个基地弥漫在紧张地气氛之中。

1966 年 10 月 27 日上午 9 时，东风二号甲型导弹喷射出橙黄色的火焰，伴随着巨大的轰鸣声拔地而起。

聂荣臻和钱学森在发射现场不远的工事里面，看着载有核弹的导弹腾空升起，慢慢远去，他们按捺不住，走出工事。

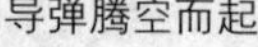
导弹腾空而起

空中的导弹

两弹结合发射场原址

> 火箭已经走得很远了，起飞了以后呢，还没有结束主动段呢，大概往前要掉下来好几十公里以外去了，他们都出来了，管不住他们，一个是元帅，一个是钱学森，谁管得住。
>
> ——谢光选

安装导弹到发射架

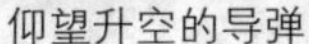
仰望升空的导弹

准备观看爆炸

经过让人窒息的9分14秒后，罗布泊弹着点传来消息，核弹头精确命中目标，飞行距离894公里，在距地面569米爆炸，中国的核弹终于插上了翅膀。

弹着区报告回来了，说爆炸成功，所以当时我们一片欢腾。戴帽子的扔帽子，跳的跳，蹦的蹦，互相抱一抱。

聂荣臻就招呼大家照照相，自己就喊了，大家过来，我们照张相，把国旗立起来。钱学森就跟着聂荣臻一起，他们先站在那里，他们两个人说，站队，这么一排。这张相呢，现在已经发表了，也很高兴的。

——莫佩德

升腾起的蘑菇云

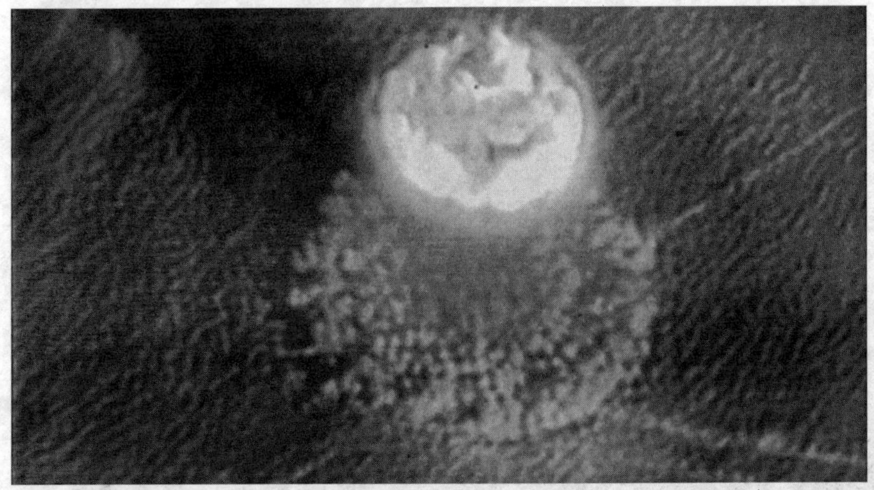

所有人一跃而起

我国第一颗原子弹成功爆炸时，美国国防部长麦克纳马拉说，中国虽有原子弹，但在五年之内不会有运载工具，并推断中国至少要十年之后，才能掌握导弹核武器。但中国从原子弹研制成功，到两弹结合成功只用了两年多的时间。

晚上就进行了四菜一汤的宴会，聂荣臻也讲话了，钱学森也讲话了。他（钱学森）说原子弹跟导弹的结合，在各国来讲，原子弹成了，导弹成了，结合花的时间都很多，我们中国人并不比外国人笨，我们一样的聪明，我们干得比他要快，比他还快，不但是干的要好，而且要快，第一次就成功了。鼓励我们啊，以后还得要进一步，把下面的事情要搞好。

——谢光选

聂荣臻（前排右二）观看两弹结合

东风试验基地

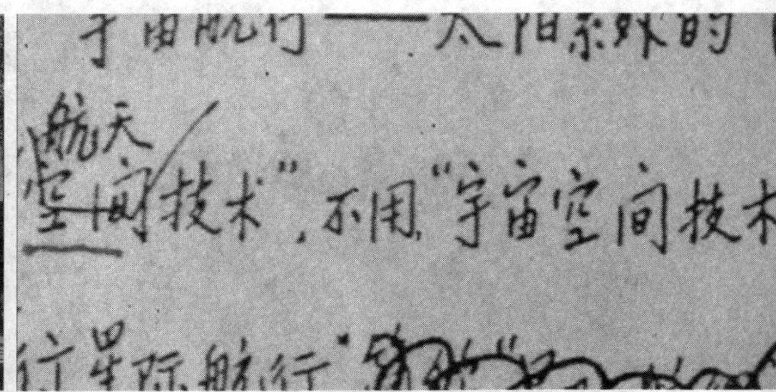

航天一词最早的发明者 钱学森

1961 年 4 月 12 日，苏联东方一号飞船载着尤里 · 加加林进入太空，开辟了载人航天的新时代。同时期的美国，正在秘密开展以“阿波罗”为代号的登月计划。这项计划的主导者是58岁的冯·布劳恩，二战时期的德国 V2 火箭就出自他手。二战结束前，钱学森与冯 · 卡门到德国考察时，曾与这位比自己还年轻一岁的科学家相遇。二战以后，冯 · 布劳恩来到美国，成为领导美国航天工程的核心人物。而在大洋另一侧的中国，钱学森也一直怀揣着航行九天的梦想。

这个航天这个天字，是钱先生提出来的，我们以前都是叫空间，因为 space，如果翻译那是翻译成空间，也可以叫宇宙空间。钱先生后来就提出了，叫作航天，它的来源是毛主席《送瘟神》诗里面的，叫作“巡天遥看一千河”，这个天字从这个地方来的。所以这个天字在中国起得很浪漫。

——王希季

中国科学院星际航行委员会

人们注意到，钱学森很早就开始谋划中国未来的航天事业。多年来，他一直关注着世界航天领域的最新发展，思考中国探索太空的可能性。1961 年，钱学森在中科院发表了《今天苏联及美国星际航行火箭动力及其展望》的讲演，描绘了未来太空航行的图景。如果再往前追溯，也不难发现，飞向太空的愿望一直深埋在钱学森心里。早在 1953 年，他在美国的时候就提出了星际航行的设想。如今，实现梦想的时机变得愈发成熟起来。1963 年，中国科学院成立了星际航行委员会，钱学森负责组织制订星际航行发展规划，安排预先研究的课题。

也就是在这时，钱学森撰写的《星际航行概论》一书出版，这是中国第一本系统论述航天技术和工程的专著，为中国航天事业的发展奠定了重要的理论基础。这本书也一直是高等院校航天专业的基础教材。

钱学森著《星际航行概论》

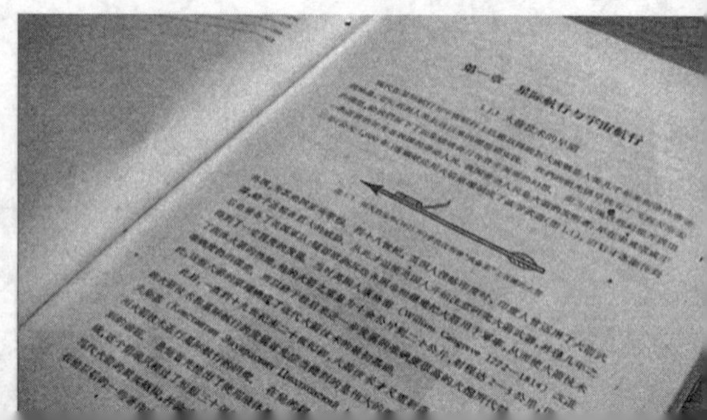

赵九章

钱学森和著名地球物理学家赵九章都向中央递交了一份关于《尽快规划中国人造卫星问题》的建议书。

> 他两位的报告都说，要采取积极措施，把发射卫星的任务纳入国家计划。
>
> ——王希季

1965年8月，周恩来主持召开中央专委第十三次会议，批准了我国第一颗人造卫星的规划方案，中国人造卫星研究工程正式起步。由于人造卫星的建议是钱学森在1965年1月提出的，卫星工程就叫“651工程”。中科院还组建了卫星设计院，第一颗卫星就叫“东方红一号”。钱学森和七机部的任务还是研制运载火箭，这枚三级运载火箭被命名为“长征一号”。钱学森立刻投入到把卫星送上太空的任务，中国航天事业就这样迈出了第一步。

东方红一号卫星发射架

赵九章《尽快规划中国人造卫星问题》的建议书

周恩来

他的任务是要完成一个大的工程，他要从系统工程的角度，组织力量，专业分工、然后分别把一些关键（人物）分配到各个不同的单位。

——宋健

我们这个总体院在当时的情况之下，按钱先生的考虑呢，是作为中国航天事业发展的一个总体设计部，这样一个角色来考虑问题。

——王希季

一定要有一个总体设计部，这个总体设计部就是系统工程的中心。这个总体设计部，这个就是钱（学森）的意见，很好，运行了多少（年），五十年了，挺棒。现在还是在做。

——宋健

在钱学森的建议下，1966 年中国科学院在北京友谊宾馆专门讨论了载人航天问题。同年 3 月底又在北京京西宾馆召开了一次秘密会议，制定了“曙光”号载人飞船规划。并从空军上千名飞行员中选拔出了 19 名宇航员人选。由于文革的发生，使整个“曙光”号计划搁浅，这让钱学森感到遗憾和无能为力。

中国首批航天员受训资料

1967年7月，钱学森力荐38岁的孙家栋来到中央军委新成立的空间技术研究院，担任第一颗人造卫星“东方红一号”的技术总负责人。两年前，这个年轻人已经是中程导弹总体部主任，钱学森对他十分地了解。

> 钱学森同志也在这，跟着大家一块儿来开会，就说，上得去，看得见，跟得上，听得着，就概括这么十二个字，变成这个卫星的基本任务。这个问题统一了思想以后，这个问题卫星到底是怎么搞就好办了。
>
> ——孙家栋

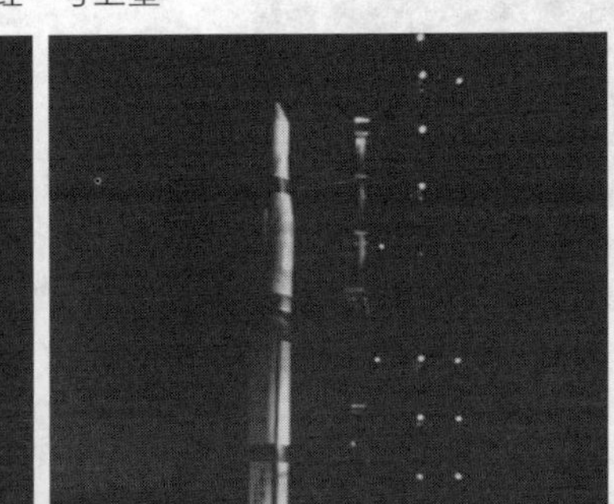
东方红一号卫星

中国空间技术研究院

但在当时的局面下，钱学森不仅要解决技术困难，还要花费精力扫除人为障碍。

经过四年的努力，“长征一号”火箭顺利升空，将重达173公斤的“东方红一号”卫星送上了太空。9时50分，中央广播事业局报告，收到卫星播发的东方红乐曲声。

> 东方红（一号卫星）那次，晚上发射完了以后，回到驻地，对，那次是东方红一号，第一颗卫星，那次我可真有印象，好像老头（钱学森）特别高兴。
>
> ——刁九勃

人们翘首听《东方红》

兴高采烈的群众

孔继明 东风试验基地科技人员

但当时的酒泉基地运修站职工、高级技师孔继明记得，钱学森在卫星射成功之后，反而公开向大家表示歉意。

> 时间是1970年4月24号，第一发人造卫星以后，具体时间我记不清了，是在这的东风礼堂，可能是庆功会，还是一次专题报告会我也记不清了，钱学森同志讲，记得最深刻的就是，我愧对大家，中国的人造卫星应该是第三个国家，争取第四个是绝对有把握的，结果我们是第五个，落在了日本以后。
>
> ——孔继明

让钱学森无法过分喜悦的原因还有，在此之前，美国在1969年发射了46吨重的“阿波罗”载人飞船，实现了人类首次登月。随后苏联的两艘各七吨重的“联盟号”载人飞船，也已在空间对接成功。

在钱学森的构想里，中国卫星发展要经过三个步骤，“第一能上去，第二能回来，第三占领同步轨道”。走完这三步棋，中国近地卫星的基础技术就都掌握了。东方红一号发射成功，标志着中国航天事业向前迈出了第一步。

东方红一号发射架

1969年7月21日美国阿波罗十一号登月

1969年1月苏联联盟号载人飞船对接成功

远望号远洋测量船

他有个完整思想。发射基地、火箭、卫星、测控网，这四件事情要通过我们国家第一颗卫星，要完整的把这个基础建设起来，这四个系统工作要协调，使得队伍建设起来以后，会研制自己的卫星，能把自己的卫星发射出去，卫星上了天以后，我们能管理得了，将来我们还要会用我们自己的卫星。

——孙家栋

雷达与发射架

风洞设备

钱学森

20 世纪 60 年代，在钱学森的倡导下，亚洲最大的风洞群开工建设，70 年代，在钱学森的提议下，中国远洋测量基地也开始筹建，以西安卫星测控中心为代表的遍布全国的测控网络也开始动工布局，这些具有前瞻性的部署，为中国未来的航天事业快速发展，打下了坚实基础。中国航天事业按照钱学森的构想，一步步向前发展。1971 年，“实践一号”科学探测卫星发射成功。1975 年，中国成为继美国、原苏联后，第三个有能力自行研发及发射返回式卫星的国家。而神舟系列载人飞船正是由返回式卫星系列所累积大量经验为基础而发展出来的。

黄吉虎　中国科技大学教授

实践一号探测卫星

我们的同学都感觉到，就是后来搞航天的，我们一大批人搞航天，我们搞航天，现在感觉到，他现在还有非常重大的现实意义，现在搞登月也好，搞绕月也好，搞载人也好，都是按照钱先生当时给我们讲课的那个一步一步那样走，所以现在就是很多航天的人都是要这么说。

——黄吉虎

在文革期间，周恩来宣布对七机部实行军管，把钱学森等一批科学家保护起来。他命令军管会搞了一个几百位科学家的名单，要求保证他们的安全，必要时可以用武力保护。

我这楼上住的就是军管会，主任跟副主任就住在这个楼上。所以我这个是安全得很，那么这些工作当然都是周恩来总理啊，安排的了。

——钱学森（1997）

虽然有周总理的保护，但是钱学森的处境依然艰难。1966年，两弹结合试验成功以后，一直为钱学森遮风挡雨的聂荣臻离开了国防工业的领导岗位。

1976年1月，周恩来总理与世长辞，让钱学森深感悲痛，钱学森曾这样回忆。

我们离开人大会堂，向周总理说再见的时候呢，周总理还跟我说，哎呀，钱学森哪，你别太累着了啊！我心里真是感动的流泪，我想你周总理呀比我累得多，还跟我说这样的话。

——钱学森（1997）

也就在这一年的9月，毛泽东主席也与世长辞，这时候的人们发现钱学森两鬓染白。

全国科学大会上邓小平讲话

全国科学大会

但春天很快就来到了，1978 年 3 月，中共中央国务院在北京召开了全国科学大会。

> 一个向科学技术现代化进军的热潮，正在全国迅猛兴起。在我们面前展开了光明灿烂的前景。
>
> ——邓小平

邓小平发表讲话，号召“向科学技术现代化进军”。他还明确指出“现代化的关键是科学技术现代化”“知识分子是工人阶级的一部分”，并且重申了“科学技术是生产力”的基本观点。

坐在指挥室的钱学森

1980 年 5 月 18 日
中国第一枚洲际导弹发射

1980 年 5 月 18 日，中国第一枚洲际导弹直冲云霄，它的目标是万里之外的太平洋。此时，钱学森平静地坐在北京的指挥中心，静静地观看。按照 1965 年由他牵头制定的“八年四弹”计划，洲际导弹是最后一项任务，这个计划的最终完成推迟了八年。

合众国际社报道说，由钱学森负责研究的火箭，正使中国成为同苏联、美国一样，能把核弹头发射到世界上任何一个地方的国家。

1980 年 10 月 12 日
我国第一枚潜地导弹
水下发射成功

1984 年 4 月 8 日
我国第一枚地球同步通信卫星“东方红二号”发射成功

西昌卫星发射基地

晚年钱学森

这一年的年底，69岁的钱学森向原国防科工委递交一份报告，态度诚恳地表示：“明年我将是70岁的人了。精力自然有限，而在导弹、卫星科学技术方面年富力强的科技干部大有人在，我理应让贤。所以我再次请求组织，让我明年退休。”

1991年，钱学森离开了担任五年之久的中国科协主席岗位，但他始终关注着中国科学技术事业，关注着中国火箭发展的每一个进步。

钱学森寓所

钱学森 82 岁生日与夫人蒋英

2003 年 10 月 15 日，“神舟”五号发射升空，中国航天员杨利伟遨游太空。中国成了继俄罗斯和美国之后成功把人送进太空的第三个国家。钱学森静静地远离人们的视线，关注着这一切，但人们依然把中国航天的成就和他紧密地联系在一起。

航天事业是一个非常伟大的，一个全国的，甚至全世界的，有影响的这样一个重大的工程，没有像钱（学森）这样优秀的科学家，这样地执着，这样的知识渊博，这样有能力和具有奉献精神的这样一位领导，（实现的）可能性很小，我认为他是一个非常伟大的科学家，是一个对我们的祖国，对中国的科学技术事业作出过巨大贡献的一位前辈。

——宋健

2008年9月25日，“神舟七号”发射成功，中国航天员翟志刚出舱作业，首次实现太空行走。

亿万人注视着翟志刚手中那面飘扬的五星红旗，在这里面有一双老航天人的眼睛，虽然沧桑却依然明亮，闪动着无言的骄傲！

（撰稿人：邱红杰）

翟志刚出舱作业

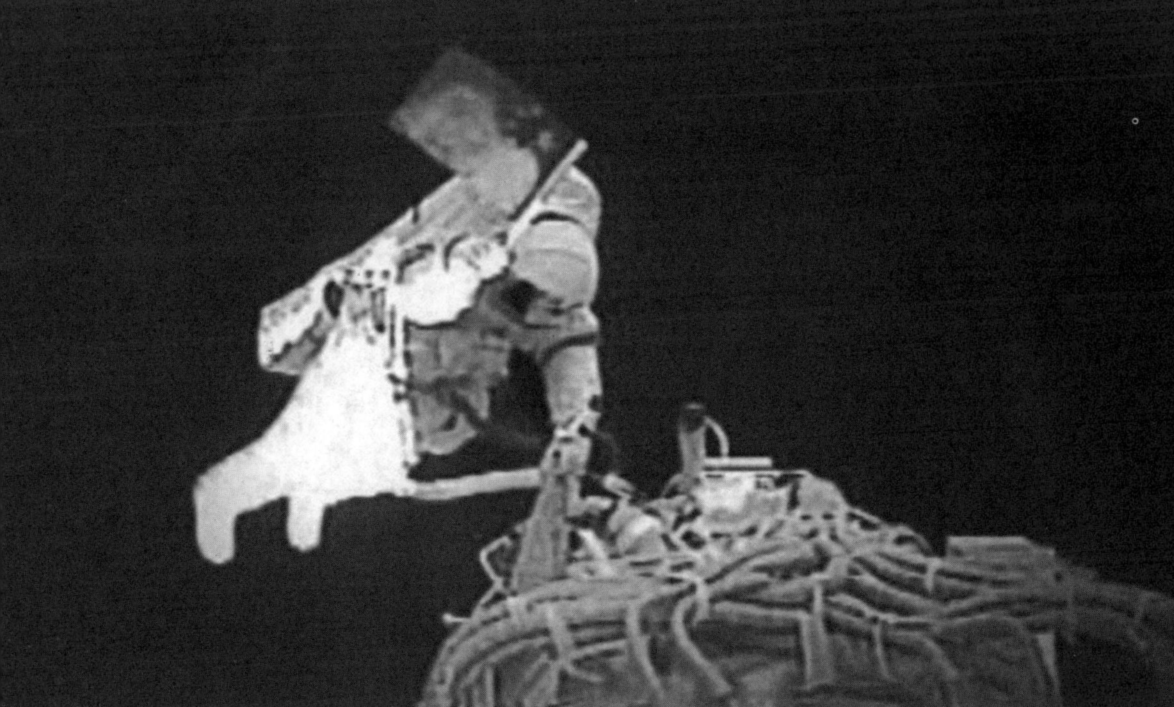

第六集 晚年

钱学森

我个人的历史都在档案中，留在那里最好。我的功过，我死后人民自有评说。

——钱学森

（摘自1984年12月12日钱学森致高三栋信）

晚年，钱学森步入人生的一个新阶段，他对新领域的探索，他对人情世事的别样态度，仿佛让他的形象更加清晰，也似乎更加神秘。

对许多人来说，钱学森是一个谜。他所从事的工作长期处于保密状态，他也很少在公共场合露面。

自从科研一线退下来以后，钱学森几乎足不出户，大部分时间都是在这座他曾居住了近50年的小楼里度过。

小楼的女主人蒋英是一位声乐教授，这是她正在教授她的学生。90高龄的蒋英和钱学森结婚62年，但两人的相识却是从童年开始的。

蒋英授课

钱学森寓所

蒋英全家福（左一为蒋英，左三为母亲左梅，右三为父亲蒋百里）

这是（蒋英全家福照）蒋英与家人的合影，父亲蒋百里，是中国近现代著名军事思想家，母亲左梅是日本人，职业护士，蒋英有两个姐姐，两个妹妹。一次偶然的机会，四岁的蒋英来到了父亲的好朋友钱均夫家，认识了钱学森。

> 钱家的妈妈有一天就想起来，去找蒋家的妈妈就说，你有五个女儿，太多了，你给我一个好不好？蒋家的妈妈很大方，好吧，你挑一个，五个之间随你挑。这个钱家的妈妈就说我要老三。
>
> ——蒋英

蒋英在钱家开始了一段陌生和新鲜的生活，钱学森的父母对蒋英非常喜爱，他们甚至与蒋家约定，现在蒋英做他们的干女儿，长大了就嫁给钱学森。但是，在蒋英的记忆中，对这位年长她八岁的哥哥印象并不好。

他不会跟小妹妹玩，他有很多玩意，口风琴啊，球啊，但他不会跟我玩，他就看着我，逗我，所以我不喜欢这个哥哥，我要回家。所以我在他们家只待了几个月，我就闹着要回家。

——蒋英

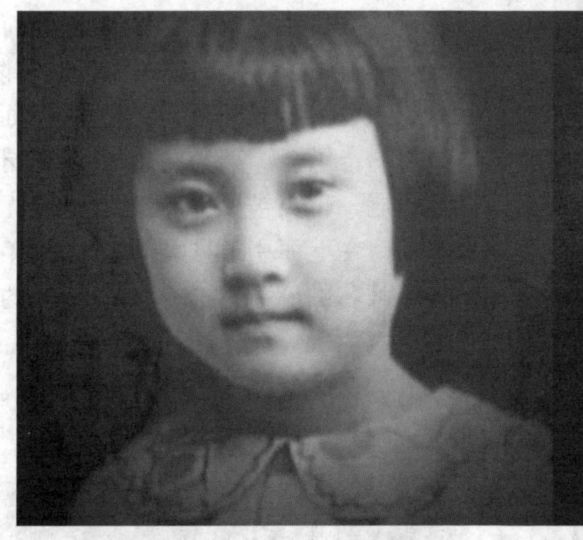

蒋英

蒋百里

12 年后，他们才再次见面， 24 岁的钱学森考取了清华大学赴美公费留学生，临行前，钱学森来到蒋家，向长辈蒋百里告别。

他来看蒋老伯的时候，我记得。妈妈叫我，你干哥哥来了，你干哥哥来了，你下楼来，你弹琴给他听。因为那时候我会弹钢琴，那么知道他很喜欢音乐，所以我就弹琴给他听，他也朝我拍手，所以这个呢，我们两个人都有印象的。

——蒋英

这次告别之后，两个人各奔前程，钱学森去美国学习航空，蒋英去了德国，在柏林国立音乐学院学习声乐。

1947年，他们再次在上海见面。蒋英回上海举办自己的第一次独唱音乐会，因为在1943年匈牙利举办的国际女高音比赛中夺得桂冠，蒋英被舆论称为中国最优秀的女高音歌唱家之一，她的归来，在上海引起了轰动。这一年，钱学森也回到上海，身份是美国著名的麻省理工学院最年轻的教授，意气风发。那年钱学森已经36岁了，还没有成家，父亲希望这次回国能了却一个心愿，为钱学森找个合适的对象，成个家。

蒋英

他父亲就预备请蒋英给他介绍女朋友，因为年龄也都蛮大了嘛，蒋英就在上海请了一次客。

后来我就问他，我说怎么样啊？他说不行，好像没有看中这个女朋友，他说那个蒋英倒是很好，他倒看中这个主人了。

——范绪箕

也就是在这次聚会上，蒋英，这位童年时的玩伴、干妹妹，第一次让钱学森有了心动的感觉。

请了两位小姐，坐在他的左边，坐在他的右边，吃晚饭。吃完晚饭，有一个大贵族，他有一个女儿。很想他当女婿啊，他家收藏了很多名画。他听说钱学森很喜欢画，他自己亲自跟钱学森说，我请你明天上午到我家里来，看我有很多名画。钱学森当场就跟他说，很抱歉，很抱歉，我明天上午有事，他心里都有防备。

吃饭的时候我就觉得他的眼睛不朝左看，也不朝右看，老对着我看。我觉得不对，我就奇怪。

——蒋英

相亲会后不久，钱学森在上海举行了一场学术演讲，演讲时，他发现了蒋英也坐在听众中间。也就是在这里，平时看起来在感情方面有些木讷的钱学森做出惊人举动，演讲一结束，钱学森提出单独送蒋英回家。

送我回家一到客厅，我说怎么招待他啊？我说这样，我这里有很好的唱片，我给你挑一张顶好的、我喜欢的唱片给你放好不好？他说，不好不好，不用了，不用了。静默了，他说我有话跟你说，他说，你跟我去美国好吧？说了这一句话，我一听，我觉着，我很吃惊，但是心里也有点预感。

我说，不行不行，我有男朋友，我有男朋友。他说，我也有女朋友。他也有女朋友，这话就说着这儿，就不说了。不说了他就再深入了，他说这个女朋友，那个男朋友都不算。

——蒋英

蒋英当场答应了钱学森的求婚，1947年9月，他们在上海黄浦江畔的和平饭店举行了婚礼。两个在各自领域同样优秀的人物结成伴侣，一时在上海传为美谈。对于蒋英来说，结婚意味着将要放弃在中国刚刚起步的歌唱生涯，去一个陌生的地方，开始新的生活。

钱学森与蒋英结婚照

波士顿市，是美国东部大西洋海岸一个略显寒冷的城市。结婚后不久，蒋英只身一人来到这里与钱学森团聚。在异国他乡他们将开始新婚生活，蒋英至今还记得，她是怎样度过的第一天。

> 我们一块吃早饭，按照外国人的习惯，吃完早饭，泡了一杯茶，嗯。他就站起来，他说那我走了啊，我晚上再回来。你一个人慢慢地熟悉一些吧，我说这叫结婚啊？第一天。
>
> ——蒋英

举目无亲的蒋英，既不认识任何人，也不熟悉任何地方，她只能手足无措地等待着钱学森回家。

> 到晚上他回来了，五六点钟，很客气，我们俩一直很客气，你好，我好。吃什么饭呢？我也不会买菜，我又不知道怎么做。那我们就到对面吃了一顿快餐。
>
> 吃完晚饭了，回来，他泡了一杯茶，这三间房间有一间是小书房，是单独的，是关起来的，他就说回见。回见？嗯，回见。他拿了一杯茶就到他的小书房里去了，门一关，不见人了。
>
> ——蒋英

蒋英在美国的第一天就这样一个人度过，她也许没有料到，步入婚姻的殿堂之后，她会长期面对这样的生活。

> 从第一天一直到以后这六十几年，没有一天晚上不是吃完晚饭，自己倒一杯茶看书去了，没有说跟我聊聊天，跟我找几个朋友来玩玩，没有。吃完晚饭到十二点必须读书，这是他的习惯。
>
> ——蒋英

1955年，钱学森结束了五年暗淡的软禁生活，回到了祖国，这时的全家合影照上，蒋英露出了笑容。但她万万没想到，她的丈夫那时已经开始投入到一项重要而又机密的工作中。

那时，钱学森不仅在家里很少说话，甚至还常常失踪。

钱学森从来对我没有谈过一次他的工作，我从来不知道他是在做什么事，他从外边回来，穿着大靴子，穿着大皮袄，哦，我知道他是到西北去了，就是从这方面，我知道他不在北京。

——蒋英

1964年6月29日，中国自行设计和研制的中程导弹成功发射；1966年10月27日，中国首次导弹与原子弹结合成功发射；1970年4月24日，中国第一颗人造地球卫星成功发射。蒋英和当时大多数中国人一样，沉浸在这一个个振奋人心的时刻，她并不清楚这些跟他的丈夫有着很大的关系。

1991年，党中央国务院、中央军委授予了钱学森“国家杰出贡献科学家”荣誉称号，江泽民等领导同志为他颁奖。在人民大会堂举行的授奖仪式上，钱学森回顾了一生中经历的三次激动。一次是回国前夕，老师冯·卡门对他说：“你在学术上已经超过了我”；一次是被接纳为中国共产党党员时；还有一次是被评为解放四十年来在人民群众中享有崇高威望的共产党员优秀代表。也是在这次授奖仪式上，钱学森满怀深情地向他的妻子蒋英表示感谢。

他就说，可能就是说，我干什么的，大家都知道，但是我老伴干什么的，我向大家解释一下，那么他就说我老伴主要是从事古典艺术歌曲的教学工作，他说我今天获奖了，我也不要忘记，我老伴几十年来，给予我的这种理解和支持。

——钱永刚

1991 年 10 月 15 日　国家杰出贡献科学家颁奖仪式

顾吉环　钱学森秘书

因为在这么一个重要的场合当中，在党和国家领导人给他这么大的荣誉面前，他说出这番话来，我想最能表达他们之间的感情。

——顾吉环

在朋友同事眼里，钱学森是个非常严肃的人，批评人很严厉，很多人都怕他。

我见过一两次，批评挺严厉的，搞得那个同志挺不好下台。所以有人就怕他，大概是这个原因。

——郑哲敏

他说他批评人，批评人批评得很厉害。而他没批评过我，从来没批评过我。当时他批评有些部主任，包括现在的院士，也都受过他的批评。所以你要说他有什么特点，这也是他的一个特点，就是非常严肃，他不给任何人开玩笑。

——宋健

钱学森在工作

2007年12月11日，钱学森的好朋友、著名力学家郭永怀的夫人李佩和钱学森的学生郑哲敏、庄逢甘来向钱学森庆祝生日。

李　佩：走路走得比较快，他们都比我慢。钱兄，给您祝贺，给您祝贺。
庄逢甘：钱先生，祝您生日快乐！
钱学森：你有几个孩子？
李　佩：我，我现在一个也没有，我一个也没有。

郭永怀已经去世多年，他和李佩惟一的孩子也已去世，钱学森此时泛起的是对一位老朋友的怀念。

李佩
郭永怀夫人　中科院研究生院教授

郭永怀1941年5月来到加州理工学院古根海姆空气动力学实验室，在冯·卡门的指导下从事空气动力学的前沿问题研究，并于1945年获得博士学位。在加州理工学院期间，郭永怀与钱学森交往频繁，结下了深厚的友谊。

在钱学森被软禁的时候，两家人也没有中断交往，郭永怀夫妇借休假的机会，到帕萨迪纳市住上了一段时间，常去好朋友钱学森家里做客。

那个房子很大，一间很大的客厅，就只搁了一架钢琴，蒋英就跟我说，她说我们就等着什么时候美国政府一放我们走的话，我们站起来就走，一刻也不会多停。

——李佩

郭永怀1956年回国，当他走过深圳罗湖口岸时，就接到了钱学森托人带来的信。信中这样写道：我个人还更要表示欢迎你，请你到中国科学院的力学研究所来工作，我们已经为你在所里准备好了你的“办公室”，是一间朝南的，二层楼的房间，淡绿色的窗帘，望出去是一排松树。希望你能满意。你的住房也已经准备了，离办公室只有五分钟的步行，离我们也很近，算是近邻。钱学森和郭永怀的办公室紧挨着，钱学森担任所长，郭永怀担任副所长。

不久，钱学森推荐郭永怀参与核弹研究，郭永怀为解决原子弹的内爆过程、结构设计、气动外形、环境试验等诸多关键技术问题做出了卓越贡献。1964年，中国第一颗原子弹爆炸成功。1966年，中国首次导弹和核弹结合试验在西北偏僻的戈壁滩上举行，钱学森参与的是导弹研制，郭永怀参与的弹头——核弹的研制，这也是这两位好友的又一次合作。也就是两弹结合试验成功后两年，59岁的郭永怀带着我国第一颗热核试验的现场数据飞回北京，飞机着陆前失事了。人们找到郭永怀的遗体时，看到他和警卫员两人搂在一起将公文包紧紧地抱在胸前，包中的机密材料完好无

钱学森（前排左二）与郭永怀（后排右四）合影

损。这个消息让钱学森倍感痛苦，一对相知多年，合作无间的亲密伙伴，刹那间阴阳两隔，留给钱学森的只是难以言状的孤独。

在那之后的很长时间，对好友的思念常常涌上钱学森的心头。后来他在为《郭永怀文集》写的文章中，深情地回忆两人在美国一次结伴同游最后话别时的情景：有这样的知己同游，是难得的，所以当他到了康奈尔大学而留了下来，而我还要一个人驾车继续东行到麻省理工学院时，我感到有点孤单。

在相隔万里的美国加州帕萨迪纳市一家养老院里，还有钱学森的一位好友，弗兰克·马勃，他和钱学森在加州理工学院一起工作过，1955年，钱学森离开美国时，马勃送他上了轮船。

> 我们送给他们一大篮的水果、鲜花和一些红酒。他们拿上甲板，当他离开，登上甲板准备回中国，然后他转过身跟我说："弗兰克，我将在二十五年之后再见到你，那是1955年；二十五年之后，那将是80年代。"
>
> ——弗兰克·马勃

让马勃一直感觉惊讶的是，他再一次见到钱学森是1981年，距离他们在美国的分别整整过去了25年。印证了钱学森的预言。

1996年，马勃又一次来到中国，他还带了一些重要的东西，钱学森留在加州理工学院的文稿。

1955年，马勃送走钱学森后，回到了加州理工学院，想帮忙整理钱学森遗留下来的物件。

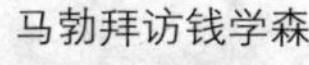
马勃拜访钱学森

> 他根本就没有收拾他的办公室，他就走了，留下了所有的东西在那里。因此我收拾起了那里所有的手稿，只是为了存储，保存在几个文件夹中。其他的笔记也随处可见，这儿、那儿，到处都是，笔记随处可见。我收拾起这些，然后我慢慢地意识到我收集了所有他写的研究资料，其中有一些从来没有出版过。
>
> ——弗兰克·马勃

马勃把所有手稿都保存下来。40多年后，马勃来到中国，他给钱学森带来了手稿，原以为这会给钱学森带来一个惊喜。但钱学森的反应却让他意外。

> 一次，当我们在那里，再次会面的时候，那是一九九六年，我把这些给他，我说：中国学生会从这些当中学到很多东西，只是看看这些笔记。然后说，不需要，把这些留给美国学生吧，他们更需要这些东西。
>
> ——弗兰克·马勃

中科院力学所了解到这一情况后，马上意识到手稿的价值，决定将它们接收。15 000页手稿全部用英文端端正正地书写，字迹隽秀。手稿分门别类被装在一个个牛皮纸大信封里，有条有理。在其中一个装手稿的信封上，写着几个英文单词。

钱学森手稿

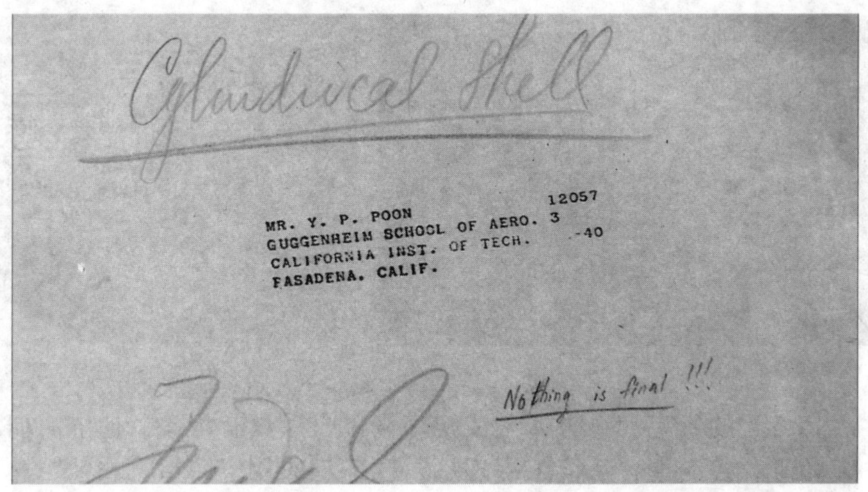
Cylindrical Shell

MR. Y. P. POON 12057
GUGGENHEIM SCHOOL OF AERO. 3
CALIFORNIA INST. OF TECH. -40
PASADENA. CALIF.

Final Nothing is final !!!

钱学森手稿：nothing is final

他写完 Final，又觉得不满意，他又在旁边添上三个字：一切皆无止境。就是没有一件事情可以说是最后的，那么我就觉得非常了不起，作为一个科学家他知道，我今天做的工作是历史上的一步，而这样一个范围，这样一个内容，今后还会有所发展，所以科学上的发展是永无止境的。

——谈庆明

在钱学森晚年写下的大量书信中，其中很多内容是请辞或拒不担任某些社会职务。许多人认为这是钱学森对名利的淡泊，但实际上钱学森希望能够把更多的时间用于他感兴趣的问题。

他说我年纪大了，回国以后一直在两弹一星这个战线上搞了那么多年，其实我本人的兴趣并不是在工程上，我本人的兴趣是做学术研究，就是思想的创新，科学的创新，我本人的兴趣是在学术研究。他说，我已经在两弹一星的战线上干了26年，今后大概不会再有26年了。我要抓紧我的生命的最后阶段，要做一些学术研究。

——涂元季

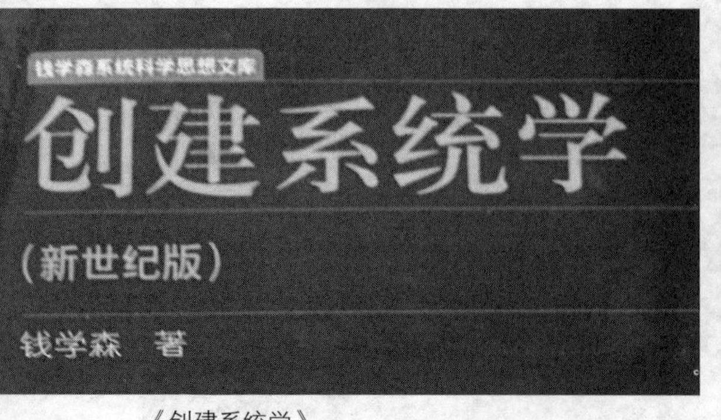

《创建系统学》

《论信息空间的大成智慧》

科学的研究和思考，对钱学森来说永远没有尽头。他潜心研究的工程控制论、系统工程理论、已广泛应用于军事、农业、林业乃至社会经济各个领域的实践活动，在我国现代化建设中发挥了重要作用。但科学的研究和思考，对钱学森来说永远没有尽头，七十岁以后的钱学森似乎又进入了他的学术高产期。他针对中国干旱少雨的西北地区提出沙产业、草产业理论，在内蒙古等地取得很大效益，在建筑和文化艺术方面，也都提出了大量独到而系统的见解，令人叹为观止。对晚年自己的这些思考，钱学森倍感欣慰。

> 他对我的儿子说，你记住，说上个世纪爷爷做的这点事儿，如果叫伟大的话，那么 21 世纪的爷爷将更伟大。
>
> ——钱永刚

退休后，深居简出的钱学森并没有被人们忘记，1985 年，作为战略导弹项目第一获奖人，获国家科技进步奖特等奖；1991 年，钱学森获国务院、中央军委授予他的“国家杰出贡献科学家”荣誉称号和一级英雄模范奖章；1999 年获中共中央、国务院、中央军委授予他的“两弹一星功勋奖章”；2006 年，获中国航天事业 50 年最高荣誉奖。

2008 年，钱学森得到通知，中共中央总书记胡锦涛将要来到。

胡锦涛总书记对钱学森给予了高度评价。

胡锦涛：在新中国建立之初，您就怀着对祖国的满腔热忱，冲破了重重的阻力，回国参加社会主义建设。回国以后，你作为中国的火箭、导弹、航天计划的技术领导人，为我们国家的火箭事业，为两弹一星事业，立下了卓越的功勋。

钱学森：碰见机会了。

胡锦涛：这个机会不容易啊。长期以来，钱老非常提携年轻人，培养了一大批优秀的科学人才。现在很多人都已经是我们国家科技事业的领军人才了，这里边有钱老的一份功劳和贡献。钱老在科学上的建树很多，我学了以后获益匪浅。我给您举两个例子 ：一个就是您的这个系统工程理论，我上个世纪八十年代初在中央党校学习，看了您的那个报告给我留下了非常深的印象。我到现在还记得，您在报告里讲：“凡是要处理复杂的事情都要从总体上去把握；要统筹兼顾各个方面的因素。”现在，中央提出来要科学发展，就是要统筹兼顾，要注重全面协调可持续发展，还有一个就是您提的要发展沙产业的设想。您还把您的奖金拿来支持创建沙产业。前不久我到内蒙的鄂尔多斯去考察，发现那个地方这些年，沙产业发展的很好，钱老您的设想现在已经变成现实了。

2008 年 1 月 19 日　中共中央总书记胡锦涛看望钱学森

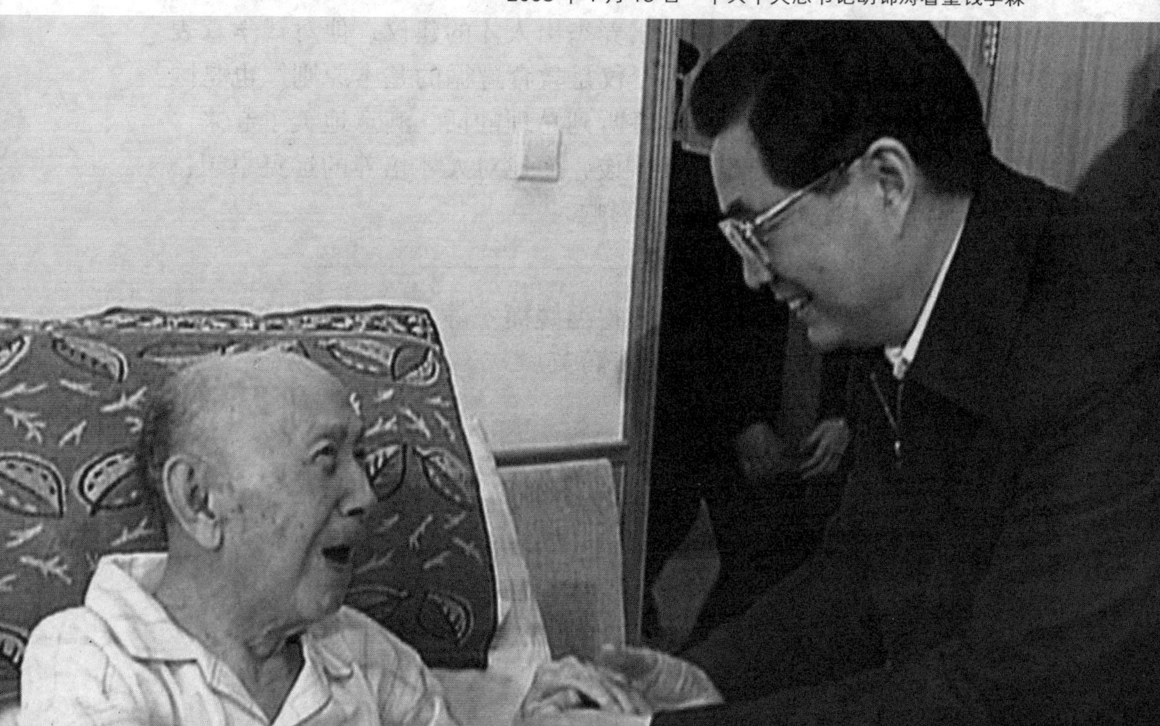

2009年8月6日 国务院总理温家宝看望钱学森

2009年8月6日上午，国务院总理温家宝冒着蒙蒙细雨来到钱学森家中，这是他近几年第四次来看望钱学森。温总理每次来作客，钱学森都会向他表达对人才培养的思考。这一次，温家宝坐在钱老床边，两人又聊起了人才的话题。温家宝十分感动地回顾了钱学森多次提出的大力培养杰出人才的建议，他对钱学森表示："努力培养杰出人才，不仅是教育遵循的基本原则，也是国家长远发展的根本。"钱学森听到总理的话，满意地笑了起来。钱学森一生致力于培养青年才俊，而他对人才培养的远见卓识，将会对国家发挥出更加深远的影响。

这座简陋的小楼上终日显得温暖而安静，钱学森在这里安度他的晚年时光，陪伴他的是妻子蒋英。

> 早上散步，我愿意早上起来到院子里，看到他跟蒋英两个人散步，我们总是碰面，碰面以后呢，别人就说你好你好，他不，他低着头，谁也不看，跟蒋英也不说话，蒋英就跟着他后边走，走三圈，回家了，一句话不吭。
>
> ——宋健

那么这种无声的陪伴，是吧。这种比较多，有的时候我妈妈也是说，你不一定非要说话是陪他，你就坐在他边上 ，他看看，有时候我父亲在看我，我妈妈就在边上看报纸。

——钱永刚

当然我们在家里，从来没大声说过话，一直是很友好，一直是很客气，跟孩子也是这样，一直是很快乐，很愉快的，没什么特别的地方。

——蒋英

这是1992年时拍下的家庭影像，这一天是蒋英73岁的生日。

钱学森：我也不注意这些事。
蒋　英：他从来看不见。
钱学森：这个是过生日的人坐的。
蒋　英：我告诉你，你看见那儿写着，亲爱的妈妈，生日快乐！那上写永刚永真，就没你的名。
钱学森：接到了一位老同学的信。他给我写信你不是看了吗。
涂元季：是的，他很困难。
钱学森：两口子两个人。现在两个人都不太舒服，苦得要命，这个我给他回信了说，我很幸运，一个我的老伴比我年轻好几岁。表态。

1992年 蒋英生日

丁衡高　原国防科工委主任

我认为他应该是我们中华民族的英雄。

——宋健

给我印象比较深的有这么八个字，就是善于学习，勤于思考。

——丁衡高

伍绍祖　原国防科工委政委
中直机关工委副书记

所以我对他的总体评价，首先他是个伟大的爱国主义者。

——伍绍祖

钱老是一个伟大的科学家，又是一个哲学家。

——聂力

徐光宪　中国科学院院士
国家最高科技奖获得者

钱学森先生是我最佩服的科学家，可以这么说。

——徐光宪

他不是那种在纸面上做文章的人，他是为了建设我们自己的国家，在那不懈地追求着。

——赵少奎

赵少奎　火箭专家
第二炮兵某研究所研究员

在中国载人航天这个领域，发起者，提倡者还是钱老。

——戚发轫

最贴切的，还是应该尊称他为人民科学家。

——刁九勃

2009年10月31日，上午8时06分，钱学森在北京逝世，享年98岁。钱学森逝世后，无数民众冒雪自发前往吊唁。他的丰功伟绩和高尚情怀永远留在人们的心间。

钱学森是享誉世界的杰出科学家、中国航天事业的奠基人。他始终保持着对共产主义的坚定信念，堪称中国当代爱国知识分子的杰出典范；他始终站在世界科技的前沿，勇于开拓，善于创新；他高度关注中国科技人才队伍建设，造就了一大批堪当历史重任的一流科学家和工程技术专家；他不仅以自己严谨的科学精神为人类进步做出卓越的贡献，更以率真的人生态度诠释了一个科学家的高尚品质。

（撰稿人：邱红杰）

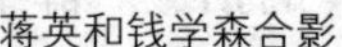
蒋英和钱学森合影

导演手记

告诉你不为人所知的钱学森

陈　真

记得是在2006年夏天，美丽的哈尔滨，在中国文献纪录片的一个颁奖仪式上，当时的北京科学教育电影制片厂厂长薛继军邀我参与《钱学森》一片的拍摄。薛继军是中国纪录片界的资深代表人物，他拍摄的电影《圆明园》为中国电影纪录片的扛鼎之作。他的盛情邀请使我倍感荣幸，不假思考就应允了下来。从那时算起，直到《钱学森》出片，前后历五年之久。当时我尚在中央电视台新闻中心供职，其间还先后参与了香港回归十周年、5·12汶川特大地震、北京奥运会、新中国成立六十周年、澳门回归十周年的新闻报道和纪录片的制作，而《钱学森》的拍摄采访及后期编辑一直在艰难地进行，其中艰辛，不为外人所知。

在中国科学家中，钱学森的名气最大。他羁留美国而最终归来的事迹早已成为传奇，他主持参与的新中国前30年最重要的高科技成果——“两弹一星”，也成为共和国历史上最精彩的章节之一，其重要地位奠定了他在中国社会尤其是科技界极为崇高的地位。但由于他多年从事高度机密的国防尖端科技工作，他的身影并不在公众视线之中，晚年的钱学森又深居简出，极少参加公众活动，因此钱学森有相当的神秘性；有关钱学森的文字和影像材料比较稀少，甚至还没有一本叙述钱学森生平和总结他的科学成就的权威专著。平地起高楼，难度可想而知。因此，拍摄《钱学森》，也是我们学习和认识钱学森的人生道路、成就贡献和科学思想，并进而构建钱学森生平描述体系的一个漫长的过程。走近钱学森，就像进入一个浩瀚无边的森林，你会有全新的发现和体验，并会常常处于不断的惊喜当中。以下是我们在采访中的所见、所感和所思，记下几则，以飨读者。

一、我与钱学森的一面之缘

人物传记片《钱学森》摄制组成员从上到下，从前到后达百人之多，而真正见过钱学森并采访过他的，却仅我一人。

那是1997年，我担任十二集文献纪录片《周恩来》的执行总导演，负责全片一百多位当事人的采访。由于周恩来生前是中共党内与知识分子关系最为密切的一位领导人，加上他一直担任领导“两弹一星”研制的最高机构——中央专委会的主任，钱学森与周恩来有相当密切的交往，因此他是《周恩来》一片中的重量级采访人物。我们摄制组负责联络采访对象的统筹告诉我，钱学森办公室说，钱老几乎不接受媒体采访，他们要向钱老请示。有一天，钱办打来电话，跟我约了一个时间，让我去当时的国防科工委面谈。纪录片《周恩来》的上百位采访对象中，上至江泽民主席、李鹏总理等当时中央最高领导人，下至普通工人、农民，我们均通过电话或传真联络就能约定，要求面见汇报才能决定进行采访的，钱学森是第一个，也是惟一的一个。

经过层层的哨卡，呈递介绍信、填报会客登记、查验证件，我来到了一间宽敞明亮的大办公室，一位声音洪亮、面色红润、伟岸高大的军人接待了我。他自我介绍，名叫涂元季，是钱学森的秘书，也是他的学术助手。涂秘书告诉我，钱老退休以后从未接受过媒体的采访，尤其是电视采访，老人家几年来一直闭门谢客。但钱老对周恩来有特殊感情，考虑到本片乃纪念周恩来诞辰百年之作，所以他破例答应接受采访。

商量采访具体细节的时候，我提出需要找一个大一点的屋子，而且要提前一小时为采访布置灯光。涂秘书听后皱起了眉头，他告诉我，钱老家的房间都非常小，而钱老腿脚不便，无法出门，希望我们不要搞得太复杂，尽量缩短准备时间。对于我们采访提纲中关于钱老被美国当局扣押五年而最终回国的一段，涂秘书说，钱老不愿提起这段往事，我们可以采访钱老的夫人蒋英。

由于当时我们主要是拍摄周恩来的生平，对作为科学家的钱学森本人并未有太多的研究，涂秘书指出了我们采访大纲中大量的常识错误，其中他谈到，我们理解的“两弹一星”是原子弹、氢弹和人造卫星，这是错误的，应该是包括原子弹、氢弹在内的核弹和导弹、卫星，称为“两弹一星”，而这中间最重要的是导弹。如果没有导弹，原子弹相当于没有枪的子弹，不可能成为一个重要的攻击武器。人造卫星能否上天，主要取决于其运载工具——火箭，钱学森作为中国导弹之父，其在中国国防尖端武器研发中的地位和作用就不言而喻。这次谈话，是我了解钱学森的第一课，也开启了我对钱学森的兴趣。

一个春光明媚的早晨，我们来到国防科工委的宿舍，几排红砖三层家属楼，钱学森的家就坐落在此。一楼是警卫战士的住处，钱老一家住在二楼。进门后，发现这是典型的六七十年代民居建筑，每个屋子都非常窄小。我们选择了钱老的书房，但由于屋子太小，我们原来准备布置的十个灯，减成了四个，幸亏当天阳光明媚，我们更多地使用了自然光。当我们布置完毕，钱老面带笑容，坐着轮椅被推到了书房。他的儿子钱永刚告诉我们，钱老时年八十有六，由于骨质疏松，基本上已离不开轮椅。但在和煦阳光的照耀下，我们看到钱学森肤色白皙，脸上并没有很多的皱纹，他目光敏锐、明亮有神，不像一个年近耄耋的老人。

当时为了保持采访的统一性，我们设计了一块巨大的背景布，但由于钱老不能离开轮椅，白色的椅背特别显眼，我用我的深色外衣套在了椅背上。

我想上去跟他寒暄几句，钱永刚跟我说，他父亲基本上听不见。由于听力障碍，老人的声音特别洪亮。周围所有的人都称他为“钱老”，尤其让我觉得奇怪的是，他的儿子钱永刚，不叫他爸爸，也称他为“钱老”。钱永刚告诉我，采访不要超过半个小时，问题也不必太多，昨天晚上他父亲都做了准备，简短开场后，采访就开始了。

采访开始后，钱老基本上不理会我的提问，自顾自地说完了他要说的话。但是他讲的内容，不仅是我提纲上所提出的，而且大大超出了我的预期。

这天，钱老情绪非常好，大部分时间面带孩童般纯真的微笑，他虽因耳背，音调较高，但语速平缓，一字一顿，而且内容风趣幽默，不像是讲一些严肃的、严谨的科学问题，这时的钱学森，似乎不仅是科学家，而更像一个大师级艺术家。采访中他大部分时间面带微笑，即使说到在人代会上，因有人质疑“两弹一星”，他非常生气，据理力驳时，脸上依然面带微笑。

当他说到在全国政协会议期间，他称周恩来总理遗孀、当时的全国政协主席邓颖超为老师时（钱老在北京实验二小上小学，当时邓是学校老师），和在研究“东风二号”导弹失败原因，一个女工程师因为着急把脸搞歪的故事时，他都孩童般地笑出了声。但是当他讲到“文革”期间周恩来总理让他保重身体时，脸色立刻凝重了起来，声音哽咽，眼角有了泪光。

原定的半小时采访时间很快就过去了，钱老讲了一个多小时。钱老讲的内容很多，在后来《周恩来》成片时，他的访谈仅用了不到五分钟。其后我们在采访他的夫人蒋英时，他回到了自己的房间。

由于当时对钱学森了解尚浅，我印象里的钱学森和我们采访过的许多老人没有太多差别：性情平和，衣着简朴，家居陈旧，很难把我所见到的一切和一个神秘的大科学家联系到一起。我更不会想到，十年后在我拍摄《钱学森》传记片时，这竟是钱学森一生中唯一一次有记录的完整采访，他所说的每一句话和拍摄的每一分钟画面都极其珍贵。

二、钱学森是新中国的战略科学家

当我加入《钱学森》摄制组时，该片已筹备几年，但一直进展缓慢。我在了解很多情况后，也突然发现，这是一项几乎难以完成的工作。首先，由于钱学森长期从事高度机密的国防科研工作，很少在公开场合露面，因此，有关他的影像资料极为缺乏。他在“文革”前的所有影像资料加起来不超过五分钟。其次，在采访中我们还发现，作为大科学家的钱学森，竟然找不到在具体的科研攻关工作中那些惊心动魄的故事。再有一个一直困扰我们的问题，就是钱学森对新中国的科学研究和高科技发展究竟做了多大的贡献呢?在几年的采访拍摄中，我们渐渐地对钱学森的科学地位和突出贡献有了一个全新的认识。这里面突出的有两点：

一是钱学森以一己之力确立了新中国国防科研的战略。

1955 年 10 月，刚过国庆节，钱学森回到了中国。当时中国科学院院长郭沫若将虚位以待几年的中科院力学所所长的位置授予了他，钱学森也开始了纯理论的科学研究，为力学所做了布局。1956 年 5 月，国家召开了全国长期科学规划会议，周恩来总理、陈毅、李富春、聂荣臻等副总理组织了六百多位科学家，制定了《1956—1967 年科学技术发展远景规划纲要》，也就是人们常说的“十二年规划”。

当时的中国百废待兴，国力又有限，所以要确定几项优先发展的项目。在前期规划项目中，飞机制造名列其中。这是因为，刚刚结束的朝鲜战争中，我志愿军由于空中力量不够，吃了大亏。中央高层痛下决心，准备打造自己的航空工业，时任空军司令员刘亚楼上将是力推者之一。但人们没有想到，在规划制定时，航空专业出身的钱学森却态度鲜明地反对优先安排发展飞机，提出应优先发展火箭武器，后来他自己将其转译成“导弹”，这个名字一直沿用至今。

刘亚楼曾经说，钱学森的观点让他觉得极为新鲜，因为他完全不了解导弹，所以一开始对钱学森的观点不甚赞同。为了说服这些战场上的骁将，钱学森专门为他们讲了一课，他用浅显的语言做了完美的说明。他告诉他们，与飞机相比，火箭武器的速度更快，火箭打飞机，一打一个准；飞机打火箭，追都追不上。最重要的是，当时中国的科技水平和工业水平，攻克飞机比攻克火箭技术更难。因为火箭是无人驾驶的一次性武器，而飞机在当时需有人驾驶，且要求多次使用，这在机械、结构、材料和飞行安全等问题上都有许多特殊的要求。研制飞机需要20年以上的时间，而研制导弹只需不到10年。

也许是因为钱学森的学术威望，最终“十二年规划”中，喷气和火箭技术被确定为六项紧急重点任务之一。其中，喷气和火箭技术的规划设计是由钱学森和其他几位科学家合作完成的。

最终，中国用了不到8年的时间，已经能自行设计制造射程达1 000公里的中程导弹。而中国飞机工业的发展却一直面临诸多的困难，尤其是安全性。据有关回忆录记载，1964年，当时的国务院副总理兼国防科工委主任贺龙元帅看到大量的飞机制造出来之后，由于技术和质量问题不能飞行，大发雷霆。从今天看，现代战争已经进入了精确打击阶段，导弹已经成为最重要的攻击武器。由于钱学森的坚持，中国用了20年的时间，完成了近程、中程、远程和洲际导弹的研制和生产，使中国拥有了最先进的国防尖端技术；更为可喜的是，由于导弹火箭的研制，带动了中国的航天工程，在不到30年的时间里，中国相继完成了人造卫星、地球同步卫星、返回式卫星、探月卫星和载人航天工程，取得了举世瞩目的成就。而我国的飞机制造工业却在20世纪90年代才有了显著的进步，但直至今天依然没有制造大型飞机的成功经验和成果，曾经研制的“运10”也由于种种原因而停飞。

50多年前，如果不是钱学森力挽狂澜，优先发展导弹武器，今天中国的军事力量将落后世界几十年，这是钱学森作为战略科学家的卓越贡献。

二是钱学森的系统工程思想统领了中国科研发展。

钱学森的儿子钱永刚也是一位教授，专注于钱学森科学思想研究。我们在拍摄的过程中，他多次强调，希望我们能够把钱学森的科学思想、尤其是晚年的科学思考作为本片的重点。因为他父亲曾告诉他说，他晚年的科学思想才是他自己最为看重的。思想是无形的，思想的表述也总显得枯燥。钱学森博大精深的思想，又为我等之辈难以企及。因此，在本片中，我们更多地突出了钱学森的人生故事和丰富的情感以及具体的科研经历，并未将钱学森的科学思想作为重点。但这并不等于钱学森的思想不重要，只是由于我们今日的认识，尚为肤浅，不足以进行完美表述，说不好还不如不说。

但无论如何，钱学森的科学思想，对中国科学研究领域是具有革命性意义的。尤其因为钱学森在中国科学界的地位，他作为高科技领域的领军人物，他的思想所产生的影响之大，是不可估量的。其中最重要的就是“系统”的概念。

20世纪50年代初，钱学森遭受美国当局软禁之时，他潜心著作，写就《工程控制论》一书，书成之后，他将之赠与恩师冯·卡门，冯·卡门先生对钱学森说：“你的科学成就已经超过我了。”我想，这时冯·卡门所指的并不只是航空工程、喷气动力等理论方面的研究成果，而是钱学森提出系统工程的思想，体现出的对科学研究的全新认识与理解，并将给未来科技发展带来革命性意义，冯·卡门无疑是最早认识到钱学森思想价值的人之一。

钱学森回国后，曾有一次未向外界披露的出访：苏联科学院邀请他赴苏进行学术交流。据当时留苏学生宋健（后任国务委员）回忆，苏联科学界对《工程控制论》极为追捧，从这时候开始一直到1980年《论系统工程》出版，钱学森完成了他的系统工程理论，在这中间，钱学森不仅通过自己的大脑积极探索，也以他领导的中国高科技事业发展的历程，不断丰富了这个理论，而这个系统工程理论指导并实现了中国高科技研究在极短时间内达到了惊人的高度，实现了跨越式发展。能提出一个伟大的科学思想，并以之推动了中国科技事业的发展进程，也只有钱学森一人。

至今，钱学森的系统工程理论，仍然是中国科技事业创新理论的圭臬。

三、钱学森的遗憾

作为科学家的钱学森，除了远超常人的天资以外，也有许多的幸运。他幼年时家道殷实，父亲是教育家，又在教育部供职，所以为他选择了当时中国最好的小学和中学，他就读的小学和中学的老师，也非泛泛之辈。比如他所就读中学的校长林励儒，解放后担任了教育部副部长。他在抗日战争爆发之前，已负笈美国，远离了惨烈的战乱，在大洋彼岸的和平环境中安心就学。他在美国的老师冯·卡门是著名科学家，在他的帮助提携下，钱学森出成绩、出名都早。回国后，由于他从事的国防科技研究为当时中国最高领导所关注，因此他也是极少受到各种运动冲击的科学家之一。钱学森一生成就的取得，不能不考虑以上所说的因素。这么多幸运降临到一个人的身上，也极为罕见。

钱学森享年近百，已相当长寿，但他的人生，他的科学理想，却也有许多遗憾，有许多未竟之志。

据很多人回忆，每当人们在欢庆导弹研制的成功和卫星上天时，钱学森却从来没有喜形于色。

钱学森在24岁时曾发表一篇题为《火箭》的文章，放出了“我们必须征服宇宙”的豪言。那是在抗战前夜的中国，他的理想似乎有些不切实际。后来钱学森成为中国导弹事业和航天事业的主导者，但最终只是一位奠基者，他并没有完成自己制定的计划，圆满地完成自己的理想。在常人看来，钱学森成就斐然，而他自己却心有不甘。1970年，我国第一颗人造卫星发射成功以后，酒泉卫星基地（当时叫做东风基地）举行了庆功大会，在会上钱学森发表了讲话，他一开口就说：“我愧对大家！”因为“文革”的干扰，中国是晚于日本，成为第五个发射卫星的国家。1964年，钱学森曾亲手制定了一个“八年四弹”计划，但由于种种原因，这个计划的完成推迟了八年多。而且他1966年已经提出的中国的航天计划，也因为种种的原因而搁浅。对于航天事业的落后，钱学森比任何人都着急。当时苏联继加加林上天以后，已经完成了“联盟号”载人飞船的太空对接；美国也在1969年首次实现人类登月，完成登月的“阿波罗”载人飞船重达46吨，而我们的“东方红一号”只有173公斤。

美国“阿波罗”登月计划的领导者是韦纳·冯·布劳恩，美国的许多航天成就都与他的名字联系在一起。1944年，第二次世界大战接近尾声的时候，钱学森作为美国军方考察团的一员，赴德国审讯德国火箭武器的专家，是否审讯了韦纳·冯·布劳恩并没有记载。当时，德国已秘密进行火箭武器研制多年，并拥有6 000多枚“V–2”火箭，“V–2”火箭就是在冯·布劳恩的带领下研制成功的。冯·布劳恩是德国科学家，比钱学森小一岁。二战结束后，冯·布劳恩到了美国，成为美国航天科研的领军人物，他最终领导他的团队完成了人类首次登上月球的计划。

冯·布劳恩所在的美国拥有雄厚的工业基础，和强大的科技支持，而钱学森面对的是一个饱经战乱，百废待兴的新生共和国，钱学森取得成就的难度远大于冯·布劳恩。落后的工业基础和并不强大的科研力量，困扰了钱学森的前进步伐，这也是钱学森的无奈。一个科学家理想的最终实现绝不仅仅依赖他自己那颗超越常人的头颅，也决定于一个国家的社会和政治文明的发达程度。因此，钱学森的遗憾也不仅仅是他个人的。1977年，冯·布劳恩因患肠癌在华盛顿去世，终年65岁。在钱学森生命将走向终点的时候，他所培育的理想之花，最终结出了果实。2003年，中国航天员杨利伟乘坐“神舟五号”

遨游太空；2008 年，中国航天员翟志刚实现太空行走，中国的嫦娥探月飞船也实现了月球撞击，中国人登上月球的日子已经不远了。

四、“钱学森之问”

邓小平说，科学技术是第一生产力。实现中国科技腾飞，究竟依靠什么？

钱学森晚年更关注的是人才战略。为什么我们的学校总是培养不出杰出人才？这是他晚年一直揪心的一件事，也就是著名的“钱学森之问”。

据钱学森秘书、学术助手涂元季回忆，2005 年 7 月 30 日，温家宝总理第一次以总理身份看望钱学森，钱学森对他说：“现在中国没有完全发展起来，一个重要原因是没有一所大学能够按照培养科学技术发明创造人才的模式去办学，没有自己独特的创新的东西，老是‘冒’不出杰出人才。这是很大的问题。”从那以后，温总理每年要看望钱学森一次，共有五次。每次温总理看望钱学森时，他都要提出这个问题。据说，温总理曾将几所著名大学的校长请到北京，让他们提出办法来解决“钱学森之问”。

钱学森心目中的好学校是什么样的呢？让我们来考察一下钱学森的成长之路。钱学森中学时就读于著名的北师大附中，他曾回忆：“当时这个学校的教学特点是考试制度，或说学生对考试形成的风气：学生临考是不做准备的，从不因为明天要考什么而加班背诵课本，大家都重在理解不在记忆。就是说对这样的学生，不论什么时候考，怎么考，都能得七八十分。”他是一个多才多艺的学生，在他准备报考大学填写志愿时，各科的老师都给钱学森提出了建议，艺术老师认为他应该学习艺术；国文老师觉得他应该成为作家；而数学老师希望他能够报考数学系，成为数学家，可见钱学森各科的成绩都不错。钱学森的父亲最终为他选择了机械工程，而钱学森在报考清华留美时，自己选择的是航空专业。

从小时候起，钱学森就酷爱音乐。据他大学里的密友罗沛霖院士介绍，钱学森有很高的音乐天分，大学时他是学校铜管乐队的乐手，同学聚会他总要表演一番，拿到了奖学金，第一件事情就是去街上买外国唱片。初到美国学习时，他就读于麻省理工学院（MIT），获得硕士学位，后来又成为 MIT 最年轻的教授，但他直言并不喜欢这所学校，他更喜欢加州理工学院（CIT），钱学森最终还是转到了加州理工学院，中国有许多科学家都是从这个学院毕业的。

加州理工学院的宗旨是：为教育事业、政府及工业发展需要培养富有创造力的科学家和工程师。CIT 的学生大都多才多艺，他们的个性发展不受限制，思想也极为自由。钱学森也是一个极有个性的人，在华裔女作家张纯如写的钱学森传记《蚕丝》中说，由于钱学森来自中国，不适应麻省理工学院注重的动手实验，曾向系主任汉·萨克表达不满，这位系主任回答非常简单："听着，你不喜欢这里，就回中国去算了。"当然，钱学森最后还是以全班第一的成绩获得了硕士学位。但在加州理工学院就不一样，他的个性得到了容忍，并且为恩师冯·卡门所喜爱，加州理工学院的教授教育他的学生就是"必须坚持自己的观点，不做唯唯诺诺之辈。"在加州的阳光下，钱学森有更多的时间去练习自己的音乐，也因为音乐结识了许多好朋友，CIT 校园中的很多学生都体现出了叛逆的倾向，像他的好友J·马林纳，他创设了"喷气实验俱乐部"，也就是著名的"自杀俱乐部"。马林纳就很喜欢音乐，而且是一位马克思主义者。他的同学中很多人还喜爱文学，这些看似不务正业的学生，后来都成就大业。

加州理工学院规模很小，但它获得诺贝尔奖的次数却在美国的大学中名列前茅，这种鼓励个性自由，培养创造力的校风，让钱学森受用终身。钱学森一直希望中国能有一所像加州理工学院这样的学校出现，甚至说，他希望有更多的学校像加州理工学院一样。

有"钱学森之问"，或许这样的学校将来会在中国出现。

钱学森是大师，也是一位特殊的人才。特殊的人才需要特殊的环境来造就。中华民族的苦难历史锻造出一批真正的大师。如今痛苦艰难正在远去，人们正在呼唤新的大师的诞生。这个日子还会很遥远吗？

（作者为中央电视台六集传记电视纪录片《钱学森》总导演）

后 记

一次未曾谋面的纪录

李向东

拍摄纪录片《钱学森》前后三年多的日子里，最大的心愿就是能去探望一次钱老，亲身领略一下这位传奇人物的样貌神态、举止言谈。然而，2009年10月31日早晨，钱老去世的消息传来，震惊了我们这些摄制组的创作人员，同时，也给我们留下了一个巨大的遗憾：纪录片《钱学森》成了一次与主人公未曾谋面的纪录!

“广阔无垠的太平洋上，一艘巨轮正劈波斩浪驶往香港。一位40来岁的中年人，迈着稳健的步伐踏上甲板。想到前方就是自己魂牵梦绕的祖国，他多么希望脚下不是轮船的甲板，而是火箭的舱壁啊。”——这是若干年前的小学语文课本里的一篇文章对钱学森1955年9月回国的文学化描写。事实上，这段文字背后隐含的历史是钱学森异常曲折的归国经历。这段经历于2006年5月在中央电视台《大家》栏目开办三周年特别节目——《克利夫兰总统号》中得以呈现。节目播出后，很受好评，并在中科院力学所、北京海淀实验中学、武警北京某中队等单位进行了巡映。我们也因此结识了钱老的儿子钱永刚先生。也正是从那时候起，我们萌生了拍摄纪录片《钱学森》的想法。

今天看来，当年的《克利夫兰总统号》仅仅掀开了钱学森波澜壮阔的人生的一角。纪录片《钱学森》创作之难、过程之艰均超出我们起初的想象，也难以在这里细表。记得策划之初，总导演薛继军、陈真带领主创人员与康健宁、蒋樾、段锦川等纪录片创作的资深人士数次专门开会，商讨该如何更好、更专业、更艺术地表现钱老的人物形象。对于很多人来说，钱学森是个谜。他所从事的工作长期处于保密状态。即使到了晚年，也很少在公共场合露面。

1984年，钱老在一封信中曾这样写道："我个人的历史都在档案中，留在那里最好。我的功过，我死后人民自有评说。"总导演陈真十余年前创作文献纪录片《周恩来》时对钱老的采访，是我们现在掌握的对其最长的电视采访，也成为通过本片首次披露的珍贵影像。钱老长期工作在国防科技战线，其个人化的内容非常少，只能通过他的同学、同事、学生、家人等人的回忆，通过各种回忆录、文献等等才能"建立"起他丰富的个性形象。

因此，摄制组确定了纪录片的创作方向，即努力以大量珍贵的历史文献、众多的人物采访、丰富的实拍镜头、纪实的手段、朴实的语言叙述钱学森先生非凡的人生经历，力图形象地展现钱老的爱国情怀、科学贡献、学术精神与人格魅力，尤其要展现出百姓眼中钱学森德高望重的人民科学家形象。历时三年，在总导演薛继军和陈真的领导下，摄制组殚精竭虑、孜孜以求，克服了很多难以想象的困难，最终完成了本片的创作。

2009年年底，有关部门审看了影片，给予充分肯定，评价这是一部思想性、艺术性很高的人物传记片精品。作为创作者，我们深知这部传记片展示的仅仅是钱老华彩人生乐章中的几段动人旋律，我们更深知正是在方方面面的鼎力支持下，这部纪录片才得以顺利完成。

在这里，我们摄制组特别感谢钱老的夫人蒋英女士、钱老的儿子钱永刚先生对本片创作的无私帮助！感谢中国科协、解放军总装备部政治部作为联合摄制单位的大力支持！感谢酒泉卫星发射中心、中国核试验基地、中国卫星远洋测量船基地、西昌卫星发射中心、太原卫星发射中心、中国空气动力研究中心、上海航天局、上海交通大学、总装备部钱学森办公室等单位提供的协助与支持！同时，还要感谢接受摄制组采访的近百位各界人士！

影片完成，但总有些拍摄过程中的场景会因为印象深刻而时常浮现。在北京航天桥附近钱老的住所，一所20世纪50年代建的楼房，一个警卫班驻守在那里。屋内陈设简单：日历钟、收音机、周恩来及钱学森父亲的照片、一幅他和聂荣臻元帅在酒泉的油画。

摄制组都是在钱老去医院的时候才到他的住所进行拍摄，直到他去世，我们也没见到他，但在我们的心中他是那般的亲切，一如2007年钱学森当选"感动中国"人物时的颁奖词所言："在他心里，国为重，家为轻，科学最重，名利最轻。五年归国路，十年两弹成。开创祖国航天，他是先行人，劈荆斩棘，把智慧锻造成阶梯，留给后来的攀登者。他是知识的宝藏，是科学的旗帜，是中华民族知识分子的典范。"